Letizia
La reina impaciente

Letizia
La reina impaciente

¿Qué significa ser reina en el siglo XXI?

LEONARDO FACCIO

Papel certificado por el Forest Stewardship Council®

Primera edición: febrero de 2020
Primera reimpresión: febrero de 2020

Printed in Spain – Impreso en España

ISBN: 978-84-9992-573-8
Depósito legal: B-363-2020

Compuesto en Pleca Digital, S. L. U.
Impreso en Unigraf
Móstoles (Madrid)

C 925738

Penguin
Random House
Grupo Editorial

A Cécile

Índice

Las persianas cierran y abren
lo mismo hacen las reinas.

GERTRUDE STEIN

El deseo de ser otra

El descontento de sí misma

Antes de ser reina de España, a Letizia Ortiz no la llamaron siempre con el mismo nombre. Ha sido «Leti» para sus amigas íntimas. O fue «Let» cuando firmaba notas apresuradas en servilletas de papel, y «L.O.R.» cuando enviaba cartas por correo con sus iniciales de remitente. Siendo niña, la futura reina de España jugaba con sus hermanas a ser la perfecta bailarina rusa de ballet y en las clases de danza a las que asistía se hacía llamar «Marisova», por el nombre de su profesora Marisa Fanjul, pero sus amigos de infancia solo veían en ella a una niña flaca y la llamaban «la Grulla». Cuando decidió ser periodista, en el diario *La Nueva España*, de Oviedo, la ciudad donde nació y donde hizo sus primeras prácticas en la prensa, a Letizia Ortiz la habían apodado «Letizia con Zeta», de tanto reclamar que escribieran bien su nombre. Le decían «Letizia Noticia», porque cada día llegaba con historias que para ella merecían lugar en las páginas del día siguiente. O le decían «la Fantástica», por actuar como la incisiva en la que quería convertirse. En su tiempo de reportera en un periódico de México, Letizia Ortiz firmaría con el seudónimo «Ada». Años después, cuando fue presentadora en la televisión pública de España, sus compañeros de trabajo veían en Letizia Ortiz una actitud de periodista estrella, y la llamaban «Letizia la Ficticia», pero a sus compañeros con menor imaginación les bastaba «la Ambición Rubia». Hija de una enfermera y un periodista, nieta de una locutora y actriz y de un vendedor de máquinas de escribir, con un abuelo materno que fue de esos taxistas conversadores de Madrid, la reina de España creció en una familia que parecía más hecha para contar dramas que para protagonizarlos. Uno de los personajes de *Todo sobre mi madre*, la película de Almodóvar que ganó un Óscar, decía: «Una es más auténtica cuanto más se parece a lo que ha soñado de sí misma». Un seudónimo te permite ser otro, y cada año Letizia Ortiz se iba pareciendo más a la mujer en la que deseaba convertirse.

Hoy los escoltas de la Guardia Real de España la llaman «Jefa».

A veces, cuando Su Majestad no está presente en el Palacio de la Zarzuela, en un acto oficial, le dicen «Chiquitina».

Más que chiquita, la reina de España es muy delgada, pero delgada y fibrosa. Y al verla de pie, tiene una leve inclinación hacia delante, como si sintiese que el viento avanza en su contra. Tiene un mentón altivo, usa tacones de doce centímetros y, tras la aparente fragilidad de su cuerpo de corredora de fondo, sobresale una voz estridente que, a veces, suena como una radio encendida a todo volumen.

—Yo era Ada sin H —me dijo una mañana la reina, y alzó su dedo como quien da una lección—. Mi historia no tiene nada de mágico.

La noche anterior no había dormido en su casa.

Había viajado a Girona con Felipe VI para presidir una entrega de premios a científicos, empresarios y escritores. Al día siguiente, cuando estaba en unas conferencias sobre ciencia, economía y publicidad, unas cien personas gritaban lemas contra la monarquía a unos trescientos metros de allí. Querían una Cataluña independiente. Gritar su desprecio en la cara del rey. Mientras en un rincón del Palacio de Congresos de Girona la reina me explicaba cómo se escribe su seudónimo de juventud, en Cataluña se tramaba una declaración de independencia.

Desde niña la reina había querido ser independiente.

Se había dedicado a un oficio que vive entre la urgencia y la indiscreción, entre las noticias falsas y la verdad. Había trabajado durante diez años en tres diarios, una agencia de noticias y había sido presentadora en tres cadenas de televisión. Había hecho su primer programa público de radio a los doce. A los diecisiete fue novia de un profesor de literatura diez años mayor. A los veintidós le permitieron ingresar en un curso de doctorado antes de acabar la carrera de Periodismo. A los veinticinco se casó con su novio de la adolescencia. Un año después se divorció de él. Antes de cumplir treinta había comprado su primera casa y llegado a dar las noticias en Bloomberg TV, CNN+ y TVE, donde presentó el telediario con mayor audiencia.

Días antes de aparecer en público como la novia de Felipe de Borbón, la futura reina fue víctima de su propio exceso de velocidad.

—Le gustaba pisar el acelerador —dijo en una entrevista Alfredo Urdaci, quien fue su jefe en Televisión Española—. A ella le gustaba correr.

De camino al que sería uno de sus últimos días de trabajo en televisión, Letizia Ortiz provocó un choque múltiple en la carretera M30 que rodea el centro de Madrid.

—Está usted viva de milagro —le dijeron unos enfermeros de urgencias que la asistieron—. Podría haberse matado.

Ser reina exige hacer honor al refrán «las cosas de palacio van despacio», aunque a veces ella se resista a la obligada mesura del protocolo. Esa mañana de lluvia en una carretera de Madrid, la reina que siempre vivió rápido no pudo frenar a tiempo. Hoy viaja custodiada por la Guardia Real y sus discursos son supervisados por funcionarios del Estado español.

En su primer año de reinado, Letizia se presentó en más de ciento cincuenta oportunidades ante las cámaras de televisión. En la mayoría lucía delgadísima y elegante, como si fuera una modelo muda. En esas oportunidades, solo habló veintidós veces en público con discursos de unos tres minutos. Sumándolos todos, la reina habló durante poco más de una hora a los ciudadanos, lo que duran dos telediarios. Una parte de su trabajo es presidir ceremonias que tratan desde los derechos de la mujer hasta la libertad de prensa, la lucha contra el cáncer o la final de un campeonato de fútbol. Ahora ella se ve por la televisión del Estado, la misma cadena en la que leyó por última vez, en octubre de 2003, las últimas noticias.

La entrada de Letizia Ortiz a la monarquía dura lo que un pestañeo en la historia de España. En 2003 anunciaron su compromiso, se casaron al año siguiente y una década después los príncipes eran reyes tras la abdicación de Juan Carlos I. La madre de Felipe VI, la reina Sofía, dice que ella fue la primera de la Casa Real en enterarse.

—Me voy a ver el telediario de la tres —cuenta la reina Sofía en *La reina muy de cerca*, el libro de Pilar Urbano—. Tiene mucho estilo, ¿verdad?

El príncipe Felipe consiguió el afecto de los ciudadanos cuando se impuso a su padre para casarse con la presentadora de noticias de la que se había enamorado. La televisión cambió su futuro y también el de la familia real. A ella le costó asumir la idea de que, por ser princesa, tuviera que renunciar a opinar. En la ceremonia de petición de mano de la pareja real, ante una montonera de micrófonos, mientras ella explicaba que se iba a ir retirando de su trabajo de presentadora de noticias, el príncipe la interrumpió: «No le va a faltar trabajo y va a tener el día bien ocupado». Ella le dijo: «Déjame terminar». Al día siguiente, la mayor parte del cotilleo no fue sobre la petición de mano, sino sobre cómo la futura princesa se había atrevido a responder la interrupción de su novio. Era un titular de revista de peluquería. La criticaron por ser irrespetuosa con los protocolos.

—Lo que más le ha costado es acostumbrarse a callar —dijo Felio Vilarrubias, jefe de protocolo de los Premios Príncipe de Asturias—. Y a no creer que está al mismo nivel que el príncipe.

Hasta ese día la futura princesa de España era una bonita y enfática presentadora de telediarios. A partir del episodio de la pedida de mano, Letizia Ortiz empezó a revelarse como la novia insumisa del príncipe. Hoy entre los empleados de la Casa Real circulan anécdotas sobre su vehemencia.

Una tarde, tras un almuerzo familiar que los reyes ofrecían en el Palacio de la Zarzuela al rey Constantino de Grecia, se la pasó monologando durante veinte minutos sobre el conflicto entre Estados Unidos e Irak. Ella había estado como reportera de Televisión Española en la guerra de Irak y se sentía autorizada a opinar. Su suegro, el rey Juan Carlos I, la tuvo que interrumpir.

—Ya sabemos que eres la más inteligente de la familia —le dijo—. Pero, por favor, deja hablar a los demás.

El rey que se había vuelto viral por decirle a Hugo Chávez «¿por qué no te callas?» le pedía a su nuera lo mismo. No estaba dispuesto a tolerar en su mesa que Letizia hablara como un televisor encendido. Tiempo después se supo que Juan Carlos I había recibido cien millones de dólares por influir en 1990 a favor de la intervención de España en la invasión de Irak.

Aunque se había retirado del telediario, en la Casa Real la princesa seguía discutiendo las noticias.

—Ella intentó seguir ejerciendo como periodista —declaró Alfredo Urdaci, su último jefe en Televisión Española—. Durante semanas realizó llamadas proponiendo incluso ocupar puestos sin gran relevancia. Pero la idea se desechó.

En la Casa Real, Letizia lucía como una princesa sin modales, una mujer habituada a pensar en voz alta a la que le pedían sosegarse y callar. Pero era más que eso.

—Ella tenía hambre de saber —me dijo Fermín Bouza, su profesor de Opinión Pública en la Universidad Complutense—. Andaba entre libros, no los leía todos pero los citaba. A ella le removió el mundo ilustrado. Es el mundo que más aprecia.

Una compañera de trabajo en la agencia de noticias EFE, donde hicieron prácticas como estudiantes de periodismo, la recuerda siempre con una opinión en la punta de la lengua.

Había viajado de vacaciones con ella a las fiestas de San Fermín, en Pamplona. Eran una corte de cinco amigos y luego de una noche de fiesta, como no había hoteles disponibles, se habían quedado a dormir en una plaza. Letizia Ortiz quería ducharse y no se quedó callada hasta convencer a sus amigos de viajar hasta San Sebastián solo para conseguir una ducha pública y ponerse guapa.

—Quería dirigirlo todo —me dice su compañera—. Tenía un objetivo y no había nada que la despistara.

Letizia es una mujer que ha llegado a pedir a Correos de España que tilden las letras mayúsculas, por lo menos en los telegramas que ella manda.

—Es una persona que se toma todo muy en serio —recuerda su compañera de la agencia EFE—. Jamás te la puedes imaginar tranquila y tumbada en un sofá.

La recuerda también frente al espejo, quejándose de sus orejas levemente salidas y de su barbilla prominente, porque le hacía cara de bruja. La recuerda limpiando todos los días con alcohol el auricular de un teléfono en su oficina de la agencia de noticias. La recuerda poniendo música en un automóvil y cambiándola cada veinte segundos sin que nadie se lo pidiese.

El día que la futura reina les pidió en Pamplona una ducha, sus amigos se desviaron más de una hora en coche hasta San Sebastián solo para dejar de escucharla hablar.

La reina que aterrizó en una monarquía dependiente de la popularidad había crecido con sobrenombres cuyos significados oscilan entre lo que otros pensaban de ella y lo que ella quería llegar a ser. Pilar Rubiera, periodista del diario *La Nueva España*, recuerda que a Letizia Ortiz no le gustaba que le corrigieran sus textos.

—Odiaba que la corrigiesen —me dice Rubiera—, y siempre nos recordaba que su nombre era con Z. Quería reafirmar su personalidad.

Javier Cuervo, que durante los veranos hace las veces de editor en el diario *La Nueva España*, recuerda el día que él borró la palabra «melifluas» de una de sus notas.

—Fue como si quisiera cortarle un dedo —me dice el verdugo.

A la futura reina, que se exigía las veinticuatro horas a sí misma, se le pasaban las revoluciones y, sin darse cuenta, como si su misión fuera salvar el mundo, era imperativa con todos.

Letizia Ortiz quería escribir sobre cine, historia, teatro y libros que leía. Sus editores la recuerdan como una chica insistente que citaba a filósofos en las noticias locales. En sus primeras prácticas como periodista, citó una diatriba de Séneca contra el hedonismo y mencionó las orgías gastronómicas de Nerón en una nota sobre la caída en la venta de helados. Días después, explicó las propiedades terapéuticas del agua según las religiones de Oriente en una noticia sobre el alza en la venta de piscinas. La aspirante al suplemento de cultura no se daba por vencida. Un año después, en el diario *La Nueva España*, Letizia Ortiz firmaba una sección de reseñas de libros titulada «La Brújula».

A los veintiún años, la futura reina le decía a los lectores lo que debían leer.

—Una jefa creía que era una trepadora —me dijo Pedro

Vallín, su compañero de prácticas en *La Nueva España*—. Pero en realidad es inofensiva. Alguien que expresa sus ambiciones no es un peligro para nadie. No conspira. Letizia iba de frente.

Jorge Zepeda Patterson, para quien trabajó en el suplemento de ocio del diario mexicano *Siglo 21*, no puede olvidar su vehemencia.

—Observé que el suplemento se había llenado de notas firmadas por Letizia Ortiz.

Zepeda llamó a la editora para preguntar por la reiteración de su nombre. Desde entonces, ella firmaría con el seudónimo «Ada».

—Yo escribía mucho —me recordó la reina sobre sus días en aquel diario de México— y mis editores no podían publicar todo con mi verdadero nombre.

En el suplemento de ocio, Letizia Ortiz citaba a Benito Pérez Galdós para recomendar un bar que tenía, según ella, «más importancia en la política que un ministerio», y evocaba a García Márquez para hablar de otro bar cuyos cócteles merecían beberse «bien conversados». Aunque a ratos sonara recargado y pretencioso, el entusiasmo de Letizia conseguía llamar la atención.

Aquella mañana en el Palacio de Congresos de Girona, cuando recordó su seudónimo de juventud y dijo que su historia no tenía «nada de mágico», a la reina no le tocaría hablar en público.

Debía guardar silencio, pero me habló de su pasado durante cinco minutos.

Cuando era niña, tuvo una amiga que se llamaba Inmaculada y en su honor eligió la última sílaba de su nombre como seudónimo.

—Pero a las Inmaculadas —le recordé— les dicen Inma y no «Ada».

Ella respondió sin titubear.

—Yo le decía Ada. El nombre me gustaba mucho.

Antes de marcharse, la reina bajó la voz.

—Te hablarán mal de mí —me advirtió.

El problema de llamarte «reina»

Llamamos «reina» no a una mujer majestuosa y distante, sino a una novia, a una amiga, a mamá. Decimos frasecitas sobre ellas: «reina de la noche», «reina por un día», «mi reina». En la comunidad gay y transexual son frecuentes los apelativos «reina» y «reinona». Antes el título de reina giraba en torno a una ilusión de monogamia y castidad. Las reinas eran mujeres que, tras ser controladas por sus padres, pasaban a manos de su marido y al luto de por vida en caso de viudez. De la reina Letizia se decía que no estaba capacitada para representar a su país por ser una mujer divorciada, hija de padres divorciados y de origen plebeyo. Juan de Borbón, abuelo de Felipe VI, decía que «Una reina no puede tener pasado, porque el pasado siempre es presente». Al rey Juan Carlos I se le adjudica otra frase: «Que nadie tenga nunca que decir que se ha acostado con la reina». Pregunté por la reina de España a Jaime Peñafiel, un periodista que trabajó durante más de veinte años elogiando reinas en la revista *¡Hola!*.

—Doña Letizia es muy lista, pero no es la soberana más adecuada para España —me dijo el periodista que sigue la tradición—. Una reina no puede tener pasado.

La prensa rosa y los reyes se equivocan. En solo tres generaciones el mapa genético de las monarquías de Europa ha cambiado por completo. El príncipe Haakon de Noruega se casó con Mette Marit Tjessem, que había sido camarera y era madre de un hijo; Guillermo Alejandro de Holanda se casó con Máxima Zorreguieta, una economista argentina a quien siempre le cuestionan ser hija de un ministro del dictador Videla. Federico de Dinamarca está casado con Mary Elizabeth Donaldson, una abogada australiana directora de ventas en una agencia inmobiliaria. Carlos de Inglaterra se casó con Camilla Parker, su sempiterna amante en la sombra, de quien se supone trabajó durante un año como diseñadora de interiores; y Victoria, princesa heredera de la corona sueca, está casada con Daniel Westling, su *personal trainer*. Felipe de Borbón conoció a la reina cuando ella estaba en lo más alto de su carrera ante las cámaras. Desde el 2000, en las diez monarquías que existen hoy en Europa, excepto en Bélgica, no hubo bodas exclusivas entre miembros de los círculos monárquicos, como fue tradición en las familias reales hasta fines del siglo pasado. La monarquía es, por definición, el poder del rey. Solo las reinas Isabel II de Inglaterra y Margarita de Dinamarca tienen hoy estatus de monarca y suman, entre ambas, más de ciento setenta años. En el resto de las monarquías parlamentarias, como son las europeas, el rey es el jefe del Estado bajo el control del poder legislativo. «Reina» es una veneración metafórica que decimos a una mujer que admiramos. Es una ilusión de poder, belleza o linaje. Pero la etimología del término siempre va asociada al rey: la reina es la esposa del rey. Si nos atenemos a la Historia, «reina» podría ser hoy un piropo sexista y degradante.

Las reinas de España suelen ser vistas como mujeres sufridas. Más que una elegante autoridad, la mujer del rey ha sido sobre todo una presencia discreta con la obligación de procrear. Desde que en el siglo XV la reina Isabel I fuera coronada en España, sus veintiséis sucesoras que llegan hasta la reina Letizia han tenido entre todas ciento sesenta y nueve hijos. Un promedio de seis hijos por reina. En las pinacotecas, las reinas de España han tenido un protagonismo triste. No han sido retratadas en un acto triunfal sino en momentos históricos que también eran los más desgraciados de sus vidas. En el Museo del Prado, Isabel la Católica, la reina más importante entre las reinas de España, aparece agonizante en una escena de 1504 mientras dicta el testamento por el cual se funda un Estado unificado con los reinos de Castilla y Aragón. Los cronistas de la época resaltan el carácter estoico de Isabel I al no demostrar dolor durante los partos. Se negaba a ser vista con piedad. En su retrato más famoso, más allá de la relevancia histórica, impresiona su gesto dramático que excede la voluntad documental. En otra pintura del Museo del Prado, aparece su hija, la reina Juana I, más conocida como «Juana la Loca», con un gesto extraviado y junto al ataúd de su marido.

—Esta figura es un símbolo de la conciencia desdichada —me dijo en voz baja, frente al cuadro, Javier Barón, jefe de conservación en el Museo del Prado.

Barón también aclaró que ambas escenas de reinas sufrientes sucedieron en el siglo XVI y fueron pintadas a mediados del XIX. Después de la Revolución francesa el autor podía especular con su visión de la monarquía.

—Todas las reinas de España lo pasaron muy mal —me había dicho el historiador del arte Javier Maderuelo—. Llevaron una vida difícil en una corte sobria y en condiciones de vida austeras.

Isabel II, conocida como «La de los Tristes Destinos», se había casado con un primo y fue satirizada en una acuarela donde fornica con otro hombre en presencia de su marido. Sería una sátira frecuente en la familia real española. En 2012, la reina Sofía, hija de los reyes de Grecia y esposa de Juan Carlos I, apareció en la calle en un montaje fotográfico donde un hombre joven sin ropa la abrazaba bajo el lema «ya no tienes que pasar la noche sola». Era la publicidad de una agencia que busca parejas para mujeres casadas. Durante años, el rey Juan Carlos I mantuvo una historia con Corinna zu Sayn-Wittgenstein, la empresaria alemana de origen danés y veinte años menor que él. La reina Sofía demandó a la agencia. El rey no se quejó.

Antes de conocer a Felipe de Borbón, Letizia Ortiz había sido retratada al menos dos veces sobre lienzo y con pintura al óleo. En uno de los cuadros, titulado *La maja desnuda*, aparece de pie y con el torso descubierto sobre un fondo donde flotan pinturas de Goya en miniatura. En otro retrato, titulado *Sueños líquidos*, Letizia emerge del mar con cuerpo de sirena y cuatro brazos, como una diosa hindú: dos de ellos apuntan al cielo mientras los otros permanecen recogidos sobre su pecho otra vez desnudo. A diferencia de las reinas que aparecen abatidas en el Museo del Prado, la reina Letizia había sido vista como una mujer altiva en su desnudez.

—Era una mujer linda y con chispa en todo sentido

—me dijo sobre ella Waldo Saavedra, el pintor que la retrató—; uno sabe perfectamente cuándo se enamora.

Letizia Ortiz era una reportera principiante en México cuando conoció al pintor. Entrevistaba artistas y firmaba con el seudónimo «Ada» en el diario *Siglo 21,* sin saber que sería ella la retratada.

—Con Letizia siempre bromeábamos —me dice Waldo Saavedra—. Ella alardeaba de ser feminista. Yo le decía que las posiciones extremas te llevan a cometer errores.

El pintor la recuerda como una joven que lo desafiaba. Le tomó unas fotos de su cara y luego la retrató al óleo con el cuerpo desnudo de otra mujer. Saavedra había tenido una novia en Cuba a la que jamás olvidó y que también era su musa. Letizia Ortiz nunca posó desnuda para él. Pero le inspiró un erotismo etéreo, como el de una divinidad. No sería la última vez.

Cuando Letizia Ortiz regresó de México a Madrid, le propusieron interpretar el papel de un ángel ante una cámara de cine y ella aceptó.

—Letizia no habla en la película —recuerda Eliseo García Nieto, un periodista que trabajó con ella en la agencia EFE—. Pero su papel era importante, porque representaba la inspiración.

En el cortometraje *La mirada del ángel,* del director Norberto López, Letizia Ortiz era la musa de un pintor obsesionado con recuerdos de su infancia. En el póster de promoción, ella luce una túnica beige, bucles sobre los hombros y tiene en la espalda alas doradas que la convierten, como en México, en la modelo perfecta de un artista nostálgico.

Letizia era una periodista sin complejos. Cuando supo

que existían retratos suyos en México, no se quejó. La reina se sentía halagada en su papel de musa.

Hoy los retratos de Letizia Ortiz se han revalorizado. Uno de ellos, en el que aparece con cuerpo de sirena, ilustraría también un disco: *Sueños líquidos*, del grupo mexicano Maná, que a finales de los años noventa vendió millones de copias y hoy es fetiche de coleccionistas. El otro retrato, *La maja desnuda*, donde aparece escoltada por pinturas de Goya, está en la casa de un empresario mexicano que es coleccionista de pintura ecuestre, cría caballos de raza y es propietario en Guadalajara del diario *El Informador*.

—Mientras yo esté vivo —me dice Carlos Álvarez—, el cuadro no tiene precio.

El retrato de la reina semidesnuda está sobre la chimenea de su casa, donde también hay decenas de pinturas al óleo de caballos briosos.

—Muchos quieren ver el cuadro para comprobar que existe —me dice Álvarez—, porque sienten morbo con la realeza. Pero yo lo traje a mi casa cuando ella era periodista, no princesa.

En solo diez años, Letizia Ortiz saltó del lienzo de un pintor desconocido a un disco pop del grupo mexicano Maná, pasó del cine alternativo en Madrid a presentar un telediario y volvió como princesa y reina de España a la cultura pop, pero de las revistas del corazón.

Una noche la fotografiaron en un concierto de la banda *indie* The Killers mientras celebraba su cuarenta cumpleaños, y luego apareció con pantalones cortos en el festival de música electrónica y rock alternativo de Benicasim. Los viernes es habitual verla con el rey en los cines de la capital, o vestida con chaqueta de cuero y conversando con amigas en bares del barrio de Malasaña de Madrid. La reina Letizia se parece más a la joven desprejuiciada que posa semidesnuda en un cuadro surrealista que a las reinas abatidas de las pinacotecas. Pero no escapó del tópico que menoscaba a princesas y soberanas. En 2007 apareció en un dibujo de la revista satírica *El Jueves* fornicando con Felipe de Borbón. Un juez de la Audiencia Nacional acusó a los humoristas de un presunto delito de injurias y retiró la revista de los quioscos. Pero la amenaza judicial no frenó la tradición de menoscabar mujeres de la realeza. Años después, la revista satírica *Mongolia* bromeó sobre ella: «¿Sabes por qué a Letizia Ortiz le dicen "Abeja Maya"? Porque empezó de obrera, se casó con un zángano y acabará de reina». Otro chiste satírico de *Mongolia* decía: «¿Qué le dice la compresa a Letizia? Conque azul, eh». Ser reina, más que un honor, parecía ser un desafío a su tolerancia.

De las veintisiete reinas que han existido en España, solo seis de ellas fueron españolas y diecisiete no sobrevivieron a sus maridos. Siendo la mayoría mujeres extranjeras que no dominaban el idioma español, lejos de sus familias de origen sufrían también el desarraigo. Ser reina siempre fue un sufrido privilegio. En 2007, Érica Ortiz, la hermana menor de la reina Letizia, sufría depresión y se suicidó. Parte de su familia piensa que lo hizo por no soportar la presión de ser la hermana de una princesa acosada por la prensa. «Habían expuesto a Érica a la voracidad mediática, a una vida vacía y sin intimidad, y no habían hecho el mínimo esfuerzo por protegerla», dice David Rocasolano, el primo hermano de la reina, quien también fue su abogado. En 2013, Rocasolano publicó un libro donde revela que su prima Letizia se había sometido a un aborto. Dice que para él el libro es una forma de revancha y de decirle «adiós». El libro se titula *Adiós, Princesa*. El primo piensa que la boda real de Letizia Ortiz destruyó a su familia. «Es la historia del choque de un gran tren expreso, los Borbones, contra una modesta caravana de gitanos.» Según Rocasolano, el día del funeral de la hermana de la reina, la pareja de ella, conmocionado, insultó al rey Juan Carlos I: «¡Tú tienes la culpa, hijo de puta!». La presión mediática había afectado a la menor de las hermanas Ortiz, y los parientes de Letizia la culpaban a ella y al rey por no haberla protegido. En la historia de reinas de España que han padecido por serlo, la reina Letizia y su familia no son una excepción.

Cuando Letizia Ortiz se convirtió en reina, por primera vez en la historia de España la ceremonia de proclamación de un rey no se hizo frente a un crucifijo. Días después, los nuevos reyes recibieron por primera vez a la comunidad de gais, lesbianas y transexuales de España en una audiencia oficial. La monarquía es una institución sobre todo patriarcal, y, sin embargo, los países de Europa más avanzados en políticas de igualdad de género son países monárquicos. También son los más ricos. Las reinas representan la fantasía del lujo y la riqueza, pues las palabras «rey» y «real» se enraízan etimológicamente en la tierra y en la moneda. Pero la monarquía de España es hoy la más austera de Europa: sus tierras y palacios pasaron a ser propiedad del Estado. La reina Letizia cobra un sueldo de más o menos diez mil euros mensuales; la reina de Holanda, Máxima Zorreguieta, unos setenta y seis mil euros al mes. La reina Isabel II de Inglaterra, cuya familia posee una de las veinte mayores fortunas del mundo, cobra unos cuatro millones de euros por mes. Letizia, como reina consorte, no tiene obligaciones exigidas por la Constitución. Pero firmó capitulaciones matrimoniales que le niegan la tenencia de sus hijas en caso de divorciarse de su marido, y aceptó el mandato real que solo permite reinar a una mujer mientras esta no tenga hermanos varones. La reina que en su juventud era una mujer independiente tuvo que renunciar al principio de igualdad.

Hoy su única misión oficial es acompañar a su marido y criar a sus dos hijas en una casa donde rige el orden militar. Además de ser el jefe del Estado, el rey de España es capitán general de las Fuerzas Armadas. En la zona militar que rodea su casa, a veinte kilómetros de Madrid y al final de un camino rodeado de un bosque de pinos, encinas y ciervos, cada día, al amanecer y al atardecer, los militares celebran la ceremonia de izar y arriar la bandera, y a esas horas todos deben permanecer firmes como soldados. Un día, en el Palacio de la Zarzuela, a un kilómetro de su casa, donde en otros tiempos el único que se atrevía a gritar órdenes había sido el rey Juan Carlos I, la reina Letizia ordenó clausurar el mástil que había junto a su casa para evitar que quien llegara a esas horas tuviera el deber de quedarse estático mientras izaran la bandera. Como si lo ordenara una madre superiora, los militares obedecieron a la «Jefa». Un sobrenombre que a una reina que por diez años se sometió a la disciplina del ballet no le queda tan mal.

La búsqueda del maestro

Antes de conocer a Felipe de Borbón, la futura reina de España nunca se había comprometido con un hombre que no fuera periodista o escritor. Se casó con un profesor de literatura cuando su ilusión era escribir, se enamoró de un periodista mexicano de investigación cuando ella también quería serlo y fue la pareja secreta de un periodista extranjero cuando publicaba informes de política internacional en la agencia EFE. Había también disciplina en su búsqueda amorosa de un par superior cuya competencia le permitiera evolucionar.

—Nosotras éramos muy masculinas —me dice su compañera de la agencia EFE con la que compartió un viaje a Pamplona durante las fiestas de San Fermín—. Profesionales a tiempo completo que no querían tener hijos. Queríamos libertad. Letizia decía «nunca en mi vida voy a tener hijos».

En aquel viaje a Pamplona que compartieron, su amiga recuerda que al volante iba un periodista estadounidense, responsable en la agencia del servicio internacional, diez años mayor que ella, y que llevaban unos seis meses juntos. Esos tres romances del pasado de la reina de España tenían más o menos diez años más que ella. También era periodista y escritor un compañero de trabajo en el canal de noticias CNN+, la última pareja que tuvo Letizia Ortiz antes de convertirse en princesa. El rey Felipe VI siempre fue un hombre tímido obligado a hablar en público, y acabó enamorándose de una locuaz presentadora de televisión. La locuaz presentadora de televisión siempre fue una mujer audaz que en sus novios buscaba, más que una pareja sentimental, a maestros cómplices de su oficio.

Cuando se anunció la petición de mano de la pareja real, el príncipe describió a Letizia Ortiz como «un activo para el bien de los intereses de los españoles» y dijo que permitiría crear un nuevo «eslabón» de la dinastía. Antes de ella, Felipe de Borbón había tenido dos parejas que eran modelos y otra licenciada en Relaciones Internacionales que luego, por coincidencia, fue presentadora de televisión. Décadas atrás los miembros de las monarquías de Europa comenzaron a abandonar la tradición endogámica de casarse con los primos hermanos como una necesidad para mantener los negocios siempre en familia, entre las dinastías más poderosas de Europa. Felipe de Borbón prefería comprometerse con mujeres plebeyas. En España, la última boda real había ocurrido en los años sesenta, cuando se casaron los suegros de la reina, el rey Juan Carlos I y la reina Sofía de Grecia. Letizia Ortiz, en cambio, se comprometía solo con parientes de oficio. Su exmarido escritor y profesor de literatura era, al mismo tiempo, con quien debatía los libros que ella leía y quien le abrió una puerta a su ilusión de independencia juvenil de dormir fuera de casa. «El periodismo es la puta de la literatura», recuerda Alonso Guerrero haber sentenciado frente a ella y doce periodistas del diario *La Nueva España*.

—A mí siempre me gustó meterme con esta gente —bromea Guerrero—. Soy un provocador.

Guerrero es el escritor y profesor de literatura del que ella se enamoró y con quien se casó, el hombre de su vida antes del príncipe.

Letizia Ortiz había conocido a Guerrero cuando asistía al turno de noche del instituto madrileño Ramiro de Maeztu, de Madrid, donde él daba clases de literatura española, y, durante las horas libres, el profesor y la reina del futuro se encontraban en la cafetería del instituto.

—Yo discutía mucho de literatura con ella —me dice el ex—. Cuando uno cree en lo que piensa, eso se contagia siempre.

La futura reina era entonces una adolescente que se había mudado con su familia desde Oviedo hacia Madrid, y Guerrero, que había estudiado Filosofía y Letras en Extremadura, también era un recién llegado. Triunfar era para la futura reina independizarse y dedicarse al periodismo.

—Tenía a Alonso Guerrero en un pedestal, como a un sabio —recuerda Pedro Vallín, el compañero de la reina en el diario *La Nueva España*, donde ambos fueron becarios de verano.

—Ella era muy atrevida —me dice Luis Miguel González, exeditor del diario *Siglo 21* de México, al preguntarle qué le había atraído de Letizia Ortiz—. Tenía esa actitud de quien se permite tocar puertas con poca prudencia, y se acercaba a todo lo que le llamaba la atención.

La reina había conocido a González cuando abandonó una maestría en Periodismo que hacía en Guadalajara, México, y entró a trabajar en el mismo diario donde él era jefe del equipo de investigación. Ella firmaba como «Ada» en el suplemento de ocio *Tentaciones*.

—Tenían pasión por la literatura y el periodismo. Eso creó una pasión mutua que los tocó profundamente —me dice Francisco Hernández, un amigo de Luis Miguel González que trabajaba en la misma facultad donde la joven había cursado su maestría.

—Fue una relación muy pasional. Él estaba casado, pero la pasión te hace olvidar todo. Luego puedes decir «lo lamento» —me dice la antropóloga Silvia Lailson, que era editora del periódico y confidente de la reina por venir.

—Letizia no es el dalái lama que va buscando lo que se encuentra. Es alguien que siempre está buscando algo más. Alguien muy ambiciosa y disciplinada —recuerda Luis Miguel González—. A mí me buscaba para tener una visión más realista y equilibrada. Como alguien que sabe ver las cosas desde afuera.

La futura reina, a la que sus compañeros en la televisión pública de España llamarían «la Ficticia», buscaba un aterrizaje en la lucidez.

Un día le pidió a un compañero de la agencia EFE que le explicara la guerra de los Balcanes.

—La primera vez que la vi pensé que nunca íbamos a llevarnos bien —recuerda Eliseo García Nieto, quien la invitó a su casa para hablar de Serbia y Croacia—. La veía un pelín soberbia. Como quien dice: «Yo soy mejor que todos estos».

García Nieto recuerda haberle abierto un mapa y comenzar a explicarle la historia de los otomanos, cuando la becaria le preguntó por un título de su biblioteca.

—Le fascinaba leer —me dice—. Pero siempre me quedé con la sensación de que aprovechaba eso para decir que la literatura la situaba por encima de los demás.

El libro en el que la futura reina se había fijado era *Del inconveniente de haber nacido*, los aforismos de Emil Cioran, que en la página diecisiete dice: «La lucidez es el único vicio que hace al hombre libre: libre en un desierto». Letizia Ortiz le había dicho a su maestro ocasional que le encantaba Cioran, y de los Balcanes pasaron a hablar de literatura hasta las seis de la mañana.

—Su preocupación era de orden intelectual —me dice otro amigo de la reina que fue analista político en el diario *El Mundo*—. Tenía miedo de quedar como una locutora.

Letizia Ortiz lo conoció cuando él era corresponsal en Palestina y ella presentaba noticias en un telediario. La futura reina quería ser corresponsal de guerra y comenzó a llamar a su amigo cuando logró que en Televisión Española la enviaran como cronista a Irak.

—Quedábamos a comer y, en vez de hablarme de ella, solo me hacía preguntas —me dice su amigo—. Era como una entrevista.

La reina que admiraba escritores hablaba con sus amigos como quien abre un libro.

Los libros siempre tienen un mensaje oculto y hoy todos juegan a descifrar a la reina a través de sus lecturas. Cuando ella se comprometió con el príncipe, le regaló el libro *El doncel de don Enrique el doliente*, de Mariano José de Larra, un clásico de la novela caballeresca ambientada en el siglo XV que se convirtió en superventas. Los diarios volvieron a hablar de ella cuando de la Feria del Libro de Madrid en 2015 se llevó *Ángeles fósiles*, de Alan Moore, sobre los héroes de la sociedad ocultista Amanecer Dorado. «¿Su satánica Majestad?», tituló *El País*.

En la monarquía escasean miembros universitarios y la novedad es una reina que compra libros. «En España no ha sido la defensa del voto, el derecho al trabajo o los anticonceptivos lo que unió al feminismo, sino la aspiración tenaz a superar su inmemorial condena a la ignorancia mediante el acceso a la cultura —dice Anna Caballé, autora de *El feminismo en España*—. La mujer culta se ha visto estigmatizada de mil maneras en España por la cultura popular.» A fines del siglo XIX, a María Cristina de Habsburgo-Lorena, la primera reina que accedió al trono habiendo estudiado Ciencias Económicas y hablando seis idiomas, se la llamaba despectivamente «Doña Virtudes». Margaret MacMillan, historiadora y rectora del St. Antony's College de la Universidad de Oxford, recuerda en su libro *Las personas de la historia* que el estigma hacia la curiosidad femenina ha sido un tópico universal. «Las mujeres han tenido que enfrentarse a convenciones muy rígidas sobre lo que se espera de ellas y lo que no —dice MacMillan—. Las primeras que fueron a la facultad de Medicina se encontraron con profesores que se negaban a darles clase, o trataban de horrorizarlas para que abandonasen los estudios.» Cuando en 2016 la reina Letizia visitó la Feria del Libro de Madrid, se llevó *Poesía completa* de Nietzsche y *Escritos* de Kierkegaard. El dependiente dijo de ella que era «muy conocedora» de los filósofos.

Veinte años antes, Letizia Ortiz había cursado una maestría en Periodismo en México, donde en un libro editado por la Universidad de Guadalajara publicó un ensayo sobre la entrevista en profundidad. Lo tituló «Guiños sobre guiños sobre guiños», un trabajo inspirado en el antropólogo Clifford Geertz, quien exploraba diferentes percepciones de la realidad bajo el concepto «descripción densa».

—Me sorprendió que con tan corta edad hiciera un planteo tan lúcido —recuerda María Elena Hernández, editora del libro—. Pero el trabajo académico no era lo suyo. Era una periodista de raza y quería acción.

El tema de su tesis: prensa y poder.

Hoy la reina de España necesita ser popular. Necesita cosechar buenos comentarios sobre ella para mantener altos sus índices de popularidad. El padre de la reina, quien también había sido locutor, trabaja en Madrid en una empresa de asesores de comunicación y dice que educó a sus tres hijas en una cultura de supervivencia.

—El viaje con mis hijas consistía en ver y aprehender —me dice Jesús Ortiz—. Es de personas con amplitud de miras, de personas sin complejos. Es abrirse a las experiencias y a los demás: a la sociedad, al mundo. La política no deja de ser un acto social. Yo creo que la apertura de miras es un espíritu de supervivencia.

La reina aprendió más que a sobrevivir en redacciones de periódicos y televisoras de México y Madrid. A los treinta años ya ocupaba uno de los puestos más deseados entre los presentadores de la televisión. El padre de la reina había tenido su prueba de supervivencia al casarse joven y tener que mantener, antes de cumplir los veinticinco años, a una familia con tres hijas.

Como la reina, el rey también se crio rodeado de mujeres.

—Toda la vida su madre lo acompañó al colegio —me dice Victoria Carvajal, quien durante la adolescencia mantuvo un romance con el príncipe.

—Me gustaban sus ojos soñadores. —Me mira Carvajal.

Su padre ha sido compañero de habitación y de colegio del rey Juan Carlos I y luego senador durante su reinado. Victoria Carvajal y sus hermanos se criaron con los hijos de los reyes. Eran compañeros en el colegio Santa María de los Rosales y veraneaban juntos en Mallorca, donde el futuro rey Felipe tenía un telescopio.

—Él tenía fascinación por la astronomía, sabía mucho de estrellas —dice Carvajal—. Era muy tierno.

En los días en que la reina del futuro se esforzaba por ser una disciplinada bailarina rusa de ballet, el príncipe aprendía a distinguir en el cielo la constelación Osa Mayor, y aprendía a conducir con el coche de su amiga Victoria por las calles desiertas y custodiadas que circundan el Palacio de la Zarzuela.

—Así tenía una sensación de libertad —me dice la amiga de la adolescencia del ahora rey, que aún conserva una foto en blanco y negro donde el príncipe aparece vestido de soldado, con camuflaje en la cara, y cartas románticas que él le mandaba.

José Antonio Alcina, que durante diez años fue ayudante de Felipe VI cuando este era príncipe, también habla de ese entorno protector hecho de mujeres.

—De pequeño hubo un momento en que tuvimos que alejarlo de la vida deformante de palacio —dijo Alcina a *Vanity Fair*—. Los reyes estaban preocupados por él y decidieron enviarle a estudiar el Curso de Orientación Universitaria a Canadá. Era perezoso y parsimonioso, impuntual.

Simeón de Bulgaria, un rey en el exilio, tiene un recuerdo similar.

—Lo conozco desde que era un niño —dijo al diario *ABC*—. Mi hijo vivió una temporada en el Palacio de la Zarzuela, porque querían que hubiera otro varón en una casa llena de mujeres.

Victoria Carvajal, la amiga de la adolescencia del rey, recuerda a Felipe de Borbón como un chico que, por momentos, era invisible.

—Él no era líder —me dice Carvajal—. Ni era el gracioso. Pero también seduce alguien callado y más observador.

Isabel Sartorius, quien fue pareja de Felipe de Borbón en los años noventa, recuerda en su autobiografía haberle pedido que pusiera más pasión en su relación de pareja.

—Enfádate —le dijo ella un día—, cuélgame el teléfono.

Semanas después, mientras hablaban, el teléfono de Sartorius enmudeció.

Felipe de Borbón le dijo a su novia que se estaba quedando dormido.

No sería su última separación.

Antes de conocer a Letizia Ortiz, el príncipe era el novio de la modelo noruega Eva Sannum. Pensaba casarse con ella. En la Navidad de 2001, anunció la ruptura. Sus padres, se rumoreó, no le permitieron casarse con una modelo plebeya. Tres años más tarde, el príncipe se impondría a su padre y se casaría con la presentadora de televisión que compra libros de Nietzsche y Kierkegaard.

Hoy los historiadores creen que la sangre de clase media revitaliza a las monarquías. Declan Quigley, el profesor del príncipe Guillermo de Inglaterra en la Universidad de Saint Andrews, piensa lo contrario. «Cuanto más parecido a nosotros se vuelve un rey, menos motivos hay para tener un rey —dijo el profesor Quigley a un biógrafo de Lady Di—. Un rey es un símbolo, no una persona.» Las reinas, como la reina Letizia, provocan en ese sentido el mismo efecto que las estrellas de Hollywood: viven aisladas, no hablan en público fuera del discurso oficial y la seducción que producen parte de esa ausencia. Quienes admiran a las reinas en las revistas de peluquería pueden imaginarlas siempre con vida glamurosa. Seducir es sobre todo intrigar, y la supervivencia de la monarquía depende de la seducción.

—La monarquía es un sistema no igualitario, pero que quiere mostrarse de igualdad de condiciones —me dice Martín Caparrós— y, para hacerle espacio a esta idea contrapuesta, le ceden espacio a mujeres plebeyas que dan aires de modernidad.

Según Caparrós, una plebeya en la monarquía es un antídoto contra la extinción del sistema monárquico y un espejismo de ascenso social.

—Nos hemos convertido en actores —le dice Jorge V de Inglaterra a su hijo en la película *El discurso del rey*.

Aunque la imagen de mujer sumisa es la versión iconográfica más difundida de las reinas, los exnovios de Letizia Ortiz no la recuerdan así.

—Quiero mantener a esa persona lo más lejos posible de mi vida —me dice David Tejera, quien fuera su pareja en CNN+ y que se separó de ella cuando el príncipe apareció en escena.

Luis Miguel González, el exeditor jefe del diario *Siglo 21*, es más breve:

—Yo, por salud mental, no le sigo la pista.

El periodista del servicio internacional de EFE, con quien la reina tuvo una historia, es más práctico.

—No me interesa regalar mis memorias —le respondió por WhatsApp a su amigo Eliseo García Nieto cuando este le preguntó si quería contar su historia a un cronista.

Los amigos de la reina tienen sentimientos encontrados hacia ella.

—Yo conocí a Letizia con una idea bastante clara —me dice García Nieto—: republicana, nada religiosa y ahora dudo de si fui amigo de esa persona o no.

Andrew Morton, biógrafo de Lady Di y autor del libro *Ladies of Spain*, comprende que Felipe de Borbón se haya casado con Letizia Ortiz. «El niño que se sentía asfixiado por su madre, ha elegido a una pareja dominante y controladora.» La reina cuyas exparejas siempre se dedicaron al oficio de escribir, encontró más comprensión en la diplomacia de un rey que no estaba habituado a mandar.

Alonso Guerrero, el exmarido de la reina, ve su historia con ella como el argumento de una novela. Tras nueve años de noviazgo y uno de matrimonio, nunca han dejado de frecuentarse. De cuando en cuando la reina esquiva a los *paparazzi* que la persiguen y se reúne a conversar con él en cafés de Alcalá de Henares, la ciudad próxima a Madrid donde nació Miguel de Cervantes y donde vive él.

—Yo no diría que soy un ancla, pero sí alguien sólido al que puede volver, porque yo no he cambiado —me dice el exmarido—. Ella siempre me escuchó. Ahora es una buena amiga.

Guerrero presenció la transición de su exesposa desde la tranquilidad que exige el ejercicio de la escritura, la estridencia de la TV, hasta el silencio que le impone la monarquía.

—Lo que ocurre es que mis opiniones no eran las suyas

—dice Guerrero sobre los días en que la reina entró en el vértigo de la televisión—. Ella estaba metida en la vida y yo estaba en el trastero.

Guerrero iba a publicar un libro sobre la experiencia de convertirse en el exmarido de la reina. Lo tituló *El amor de Penny Robinson*. Un tributo a *Perdidos en el espacio*, la serie televisiva de los años sesenta con una niña prodigio como protagonista, que buscaba un planeta habitable para la especie humana. Era un testimonio novelado para descifrar a la reina a través de su exmarido. Letizia Ortiz venía de otro mundo cuando aterrizó en la Casa Real.

Si uno examina cada caso, la mayoría de las reinas parecen caricaturas en los libros de historia. Sus apelativos más recordados no ponderan una habilidad política o capacidad intelectual. Elogian a soberanas que complacieron al rey. María Amalia de Sajonia, esposa de Carlos III, tuvo trece hijos en el siglo XVIII y la llamaron «Diosa de la Fecundidad». Su antecesora, Bárbara de Braganza, no tuvo descendencia y la llamaron «Avariciosa» por su propensión a acumular riqueza. Mientras la ambición de reyes como Carlos III, famoso por recaudar altos impuestos y apodado «el Mejor Alcalde de Madrid», es motivo de elogio, a las reinas no se les reconocen los mismos atributos. En el siglo XVIII, a Isabel de Farnesio la llamaron «Manipuladora» por negarse a perder su poder y la reina Sofía recibió el apelativo de «la Profesional» por tolerar a un marido que le era infiel. «La ambición femenina casi nunca se ha fomentado por parte de la sociedad —dice MacMillan en *Las personas de la historia*—. De mujeres que por nacimiento o por matrimonio llegaron a ejercer un poder inmenso, siempre se sugirió que tenían algo imperfecto y hasta monstruoso.» Isabel I de Inglaterra llevó el sobrenombre de «Reina Virgen», es decir, que no la veían realizada como mujer, mientras que de Catalina «la Grande», en Rusia, y de la emperatriz Wu, en China, se rumoreaba que tenían un apetito sexual desaforado y agotaban a sus amantes como lo hubiera hecho un mandatario varón. «Las cosas han cambiado, pero no tanto —dice MacMillan—. Nadie diría de un político que es "chillón", como llamaban a Margaret Thatcher, y todavía llaman a Hillary Clinton. En el mundo de los negocios, ellas son "dominantes", mientras que ellos son "enérgicos".» En el Palacio de la Zarzuela al rey Juan Carlos I lo siguen llamando «el Patrón». Los amigos de Felipe VI, a quien han llamado «el Sereno», no toleran que él se haya casado con una plebeya y, a sus espaldas, llaman «Chacha» a la reina Letizia. Un mote degradante que reciben las empleadas del servicio doméstico. En la Casa Real, donde los apelativos de las reinas han sido despectivos, es una novedad que a la reina Letizia la llamen «Jefa». Aunque antes de casarse con Felipe de Borbón, Letizia Ortiz ya se comportaba como tal.

La obligación de fascinar

De princesa plebeya a reina rebelde

Cuando uno habla con la reina tiene la impresión de que ella está escuchando otras voces a la vez. Es una de esas personas que te mira fijamente a los ojos y mientras presta atención aprovecha el tiempo para pensar en otros asuntos, hasta oír algo que la sorprenda. Es una curiosidad simultánea. Como si escuchase noticias desde un audífono oculto. No como el de los escoltas que la protegen, hombres y mujeres que reciben órdenes sobre dónde mirar con desconfianza. La reina parece distraerse a sí misma con su propia voz. Una forma prodigiosa de ansiedad que permite fragmentar la atención. Como los que atienden el teléfono, miran televisión y responden un *e-mail.* La reina escucha como si aún fuese una reportera de telediario a la que el ruido de la calle no le impide concentrarse y hacer preguntas incómodas.

Una mañana primaveral de 2015, en el Senado de España, mientras unos niños querían fotografiarse con ella, hablé por primera vez con la reina que me escuchaba con una curiosidad en estado de alerta. Había pronunciado un discurso frente a unos padres y madres angustiados en el que reclamaba que los científicos hallaran cuanto antes diagnósticos para sus hijos. Era el Día Mundial de las Enfermedades Raras y la reina se comportaba como una señora voluntariosa que acude a un acto en que toma a los niños en brazos, conversa con sus padres y la fotografían con ellos. La acompañaban siete escoltas con audífonos y un oficial de la Guardia Civil que ocupa el puesto de ayudante de campo, un asistente que sostiene el bolso de la reina cuando ella necesita tener las manos libres, recoge cartas que le entregan los ciudadanos y toma nota de lo que la reina le indique. El rey Felipe VI no estaba con ella. Un tercio de los actos que Letizia preside son de su agenda personal y están dedicados a temas de cultura, educación, ciencia y salud. En un maletín negro, el ayudante de campo cargaba unos documentos sobre el tema que ocupaba a la reina. Más de tres millones de personas en España, la mayoría niños, sufren enfermedades raras, con frecuencia incurables. Una de ellas es el lupus eritematoso cutáneo, una enfermedad causada por el mismo sistema inmunológico y que produce lesiones rojas en la piel que se agravan con la exposición al sol. Otra es el síndrome de Noonan, un trastorno genético que ralentiza el crecimiento provocando baja estatura, retraso psicomotor y mental. La reina se reúne con ellos unas cinco veces al año. Eran los mismos niños que querían fotografiarse con la reina en el Senado de España.

Esa misma mañana, a Letizia también le preocupaba que alguien hablara mal de ella.

Había unos veinticinco periodistas siguiéndola.

La reina no concede entrevistas.

En las monarquías parlamentarias los reyes solo pueden dar discursos aprobados por sus gobiernos y cualquier declaración que ella haga no suele ser publicada. Los cronistas de palacio lo respetan como un pacto tácito de silencio. A veces se acercan a ella, la saludan y comentan algo, pero no publican nada de lo que la reina dice fuera del discurso oficial. De cuando en cuando, la reina Letizia rompe el protocolo.

—Estoy escribiendo sobre usted —le dije.

Ella levantó las cejas y me dijo:

—¿Bien o mal?

La reina pasó de anunciar noticias a ser ella misma una curiosidad periodística.

—Letizia no es como la reina Sofía —me advirtió una fotógrafa de *Diez minutos,* un semanario del corazón con un millón de lectores—. Cuando sale en una foto que a ella no le gusta, se enfada. A veces hace llamar a la redacción para quejarse.

Entre los reporteros que frecuentan la familia real circulan anécdotas sobre su reputación de ser muy recelosa en cuidar su propia imagen. La reina que se ocupa de pensar sus discursos y atender a la gente que quiere conocerla, se preocupa al mismo tiempo por el retrato de ella que mañana saldrá en la prensa. Una foto influye más en la construcción de su imagen pública que el contacto directo con los ciudadanos.

Cuando preguntó si escribiría bien o mal sobre ella, la reina hablaba en serio. En la mayoría de sus retratos, aparece risueña. Pero sonreír no exige estar relajado ni tener sentido del humor.

Ignacio Escolar, director de *eldiario.es* y experto en tecnología, recuerda que un día, siendo aún princesa, Letizia le pidió que le explicara cómo funciona Google. «¿Por qué unas noticias salen en la primera página de Google y otras en la tercera?», le preguntó para entender el mecanismo de jerarquía al revisar las noticias sobre ella.

La reina podía conformarse con aduladores de la corte, pero prefería escuchar las críticas. Cuando aún era la prometida del príncipe Felipe, la periodista Mábel Galaz del diario *El País* recibió desde el Palacio de la Zarzuela una llamada telefónica «de parte de Letizia». Ella había asistido a la boda de los futuros reyes de Dinamarca y quería que la periodista de *El País* le dijera cómo la había visto. «La Reina devora todo lo que la prensa dice de ella —publicó años después Galaz—, y si algo no le gusta lo hace saber.»

Letizia necesita más que un espejo para reafirmar su identidad.

Una editora del periódico *20 Minutos* recuerda que la reina le pidió su opinión sobre una aplicación de alertas *online* para, desde su teléfono móvil, monitorear al instante su nombre en la web. La reina, que fue periodista, advertía a sus excolegas que leería todo lo que publicasen sobre ella.

Desde que se comprometió con Felipe de Borbón, solo una vez, en exclusiva, en más de diez años, concedió una entrevista. «Me abruma saber que se fijan en todo lo que hago, todo lo que digo y cómo lo digo», dijo a una reportera del diario *ABC*. Luego, le preguntó sobre los comentarios acerca suyo: «Lo que dicen es bueno, ¿no?».

Hoy la reina sigue preguntando si hablarán bien o mal de ella.

Algunos familiares y amigos confirman que Letizia siempre estuvo insegura de transmitir una imagen de autosuficiencia.

Rafael Lechner, un periodista que fue compañero de trabajo en CNN+, donde ambos presentaban el telediario, la recuerda agarrándole su brazo.

—Me preguntaba: «¿Cómo lo he hecho? ¿Qué te ha parecido?» —me dice Lechner—. Era insegura.

David Rocasolano, uno de sus primos, recuerda que su teléfono sonaba después de cada emisión de Letizia Ortiz.

—«¿Cómo me has visto?» —le preguntaba—. Es típico de mi prima: toda la seguridad que había mostrado ante las cámaras se había desmoronado. —El primo insistió—: Letizia es una persona insegura, bastante frágil, y que incluso sufre ciertos inexplicables complejos físicos.

Rocasolano, autor del libro *Adiós, Princesa*, culpa a Letizia de haber destruido a su propia familia al casarse con Felipe de Borbón. El libro de su primo no es tanto un acto de comprensión como una acusación hacia la reina y la familia real.

Antonio San José, director de informativos de CNN+, en el libro *Felipe y Letizia, reyes de España*, habla de cierta inseguridad de Letizia Ortiz, aunque la atribuye a su autoexigencia:

—Era perfeccionista y siempre preguntaba —dijo San José—. Yo creo que sabía que lo hacía bien, pero necesitaba que alguien la reforzara.

Su abuela paterna, que era locutora y actriz, recuerda que su nieta la llamaba al final de cada edición del telediario.

—Me decía: «¡Critícame!». Y yo lo hacía.

La futura reina a veces exigía que todos estuviesen a la altura de sus propias exigencias.

Otros compañeros la recuerdan muy dueña de sí misma y hasta déspota con algunos de ellos.

José Infante, un guionista excompañero de Letizia Ortiz en Televisión Española, su último lugar de trabajo antes de ser princesa, cree que ella estaba muy segura de la imagen que quería transmitir.

—Fue una sorpresa para quienes la conocíamos descubrir que era una chica de clase media —me dice Infante—. Todos pensábamos que era una chica de clase alta por su comportamiento y su forma de conducirse. Letizia tenía un aire entre soberbio y despótico, sobre todo con sus compañeros técnicos. Pensábamos que era una *niña bien.*

Más allá de las apariencias, en un canal de televisión como Televisión Española, donde sus compañeros la apodaban «la Ficticia», Letizia Ortiz se iba pareciendo a la mujer pública y segura en la que deseaba convertirse.

No todos percibían esa aparente soberbia como un defecto.

Alfredo Urdaci, el periodista que la contrató en Televisión Española y quien fue su último compañero presentador de noticias, cree que la soberbia de Letizia Ortiz era parte de su singularidad.

—Echada para adelante —dijo Urdaci sobre ella en una entrevista—. Tenía serenidad ante la cámara. Tenía frescura y una belleza que no distraía.

La futura reina era, para su jefe, la presentadora ideal.

—Yo la fiché por su espontaneidad —insistió Urdaci, y agregó—: pero eso lo ha perdido. Ya no es la Letizia que yo conocí. Es una figura contenida, seria, grave, hierática.

Letizia Ortiz era una presentadora insegura que olvidaba sus inseguridades ante las cámaras.

Hoy su espontaneidad es parte de una gracia bien ensayada, como esa mañana de marzo de 2015 cuando estaba rodeada de niños en el Senado de España.

Unos minutos antes de fotografiarse con ellos, la reina había subido a un escenario sin ningún papel en la mano.

Decenas de personas la estaban mirando. Había un ministro, el presidente del Senado, científicos, padres de niños enfermos. Ella puso un tono grave en su voz.

«Díganme si no es terrible que una madre y un padre lleguen a alegrarse cuando, por fin y después de siete años, un médico pone nombre y apellidos a la enfermedad de su hijo —dijo la reina sobre el diagnóstico de las enfermedades raras—. ¿Se lo imaginan?»

Miró al público tratando de imitar la voz de una madre de familia.

«Cariño, ya lo tenemos, ¡bien!»

Felipe VI siempre lee sus discursos. Letizia, en cambio, actúa el drama de una madre que recibe una mala noticia.

Esa mañana en el Senado de España, la reina improvisó una escena emocionante y la dijo sobre un discurso que sabía de memoria. Era el discurso que los encargados de prensa de la Casa Real habían distribuido impreso entre los periodistas.

Siendo periodista, Letizia Ortiz miraba seria a los televidentes para reforzar con tono sentencioso la objetividad de una noticia. Siendo reina, en cambio, interrogaba al público con la misión de conmover.

Letizia Ortiz entendió la diferencia entre informar y emocionar.

A la reina Letizia le critican su falta de naturalidad.

Las reinas seducen más con sencillez que con sofisticación.

La reina Máxima de Holanda se ganó la simpatía de los ciudadanos al hablar con acento argentino un idioma tan lejano para ella como el holandés. Mary Donaldson, futura reina de Dinamarca, siendo una australiana de clase media que aprendió el danés, fue empática al transformarse en un modelo de madre moderna, profesional y guapa. Mette Marit de Noruega fue criticada por su pasado de camarera y madre soltera; hoy también es vista como una princesa humilde y futura reina que se disculpó en público por su pasado «inconveniente» para la Corona, y se abocó a las exigencias de su nuevo papel.

La reina Sofía, hija de los reyes de Grecia y suegra de Letizia, supo que su destino era atarse a la silenciosa exposición mediática de un trono; la reina Letizia, hija y nieta de periodistas, tuvo que aprender a callarse ante las mismas cámaras desde las que transmitía noticias.

Pilar Caamaño, la dueña del restaurante gallego Casa Sixto, recuerda que, cuando la princesa fue allí a almorzar con Felipe de Borbón, esta le preguntó:

—¿Qué dice la gente de mí?

Caamaño le respondió sin titubear.

—Le dije que a mí me parecía un poco mandona.

Una reina cuyo trabajo fue anunciar malas noticias en los telediarios sabe cómo funciona en su país la influencia de rumores y apariencias en la industria de la información.

De los diez países monárquicos de Europa, España es el que tiene como publicación más leída a la revista *Pronto*, un semanario que vive de la indiscreción sobre gente de la farándula y que tiene casi tres millones de lectores. En cambio, en Inglaterra, un país donde su reina es un personaje tan popular como intocable y distante, las dos publicaciones más leídas son guías de programación televisiva. Los asuntos de la familia real británica en el semanario *Hello!* ocupan un discreto puesto veintitrés en la lista de las cien revistas más vendidas de su país. En España, la revista *¡Hola!* aparece en segundo lugar en la lista de ventas de 2018 y tiene un millón menos de lectores que *Pronto*. Entre los elogios de una revista sobre nobles, ricos y famosos, como *¡Hola!*, y la cizaña de un semanario indiscreto con cualquier personaje público, como *Pronto*, la reina Letizia es hoy la mujer española que recibe más atención por parte de esta prensa cuyo público es menos aficionado al elogio que al escarnio. El programa más visto de la televisión de España es una tertulia sobre chismes titulado *Sálvame Deluxe,* en el que la reina es una gran protagonista.

En un principio, siendo recordada como una altiva presentadora de televisión, a Letizia Ortiz, más que sencillez, la prensa rosa le exigía humildad. Desde el papel cuché le pedían bajar la cabeza para entrar a la monarquía con sus orígenes sin abolengo.

Cuando se casó con el príncipe Felipe, las revistas indiscretas y las tertulias televisivas hablaban de los créditos bancarios que las mujeres de su familia habían pedido para comprar vestidos dignos de una boda real. Sus excompañeros en CNN+ contaron a la prensa que, cuando cubría para ese canal alguna información sobre la Casa Real, ella llamaba «Felipito» al príncipe Felipe. De su abuelo materno, que había sido taxista y republicano, dijeron que mandaba apagar la televisión cuando aparecía en la pantalla el rey Juan Carlos I, porque el general Franco lo había puesto en su cargo como su sucesor.

Además de humildad, también se le exigía que su familia se sometiera al escrutinio de la prensa.

Durante los festejos de su boda, Letizia pidió a su primo que llevara a su abuelo materno a casa, porque llamaba demasiado la atención cuando sacaba a bailar a las damas de otras casas reales de Europa. Entonces publicaron que ella se avergonzaba de sus orígenes. Minutos antes de la boda, en el hotel de Madrid donde las familias Ortiz y Rocasolano se acababan de arreglar para la ceremonia, el mismo abuelo se había abalanzado sobre el padre de la futura princesa llamándolo «hijo de puta».

Francisco Rocasolano, el abuelo materno de la reina, aún le recriminaba a Jesús Ortiz, el padre de Letizia, haber dejado a su hija por otra mujer.

—Han pasado la línea que hay entre el derecho a la intimidad y el de la información —me dice el padre de la reina—. Saber a qué playa voy o si converso en un restaurante con una compañera de trabajo no es importante: yo no soy un personaje público.

Jesús Ortiz, el padre de la reina, parecía no darse cuenta de que la historia de los reyes y las reinas de España siempre ha sido parte de la vida cotidiana de los españoles.

En 1905, el diario *ABC* encuestó a sus lectores para que escogieran una de las ocho candidatas que habían seleccionado para buscarle pareja al futuro rey Alfonso XIII, el bisabuelo de Felipe VI, y en 1997 la revista *Época* repitió el experimento buscando una novia para el príncipe Felipe. En 1905 la elegida fue Victoria Eugenia de Battenberg, que sería reina de España durante las tres primeras décadas del siglo XX. En 1997, la elegida para el entonces príncipe Felipe fue la archiduquesa alemana Carolina Waldburg. Ambas mujeres tenían vidas privadas que eran públicas. La gente elegía como candidatas a mujeres cuyos pasados ya habían sido expuestos en diarios y revistas, damas conocidas que provenían de familias reales.

Letizia Ortiz era una desconocida que para ser princesa debía dejar de ser la dueña absoluta de su pasado. Debía renunciar a su privacidad.

Cuando ella pasó a formar parte de la familia real, Javier Cordero Aparicio, un investigador genealogista, buscó ancestros monárquicos de la nueva princesa. Aceptar a una nueva soberana es como aceptar a una madrastra cuyo árbol genealógico afecta a todas las relaciones de parentesco de un país. Para algunos ciudadanos, los reyes son un símbolo de la familia nacional. Otros ven a los reyes como funcionarios a los que nadie votó, pero que entre todos deben mantener.

El genealogista que buscaba ancestros nobles de la reina concluyó que el linaje de los Ortiz se entroncaba con el del rey Fernando II de León, que había sido monarca entre 1157 y 1188. Un periodo del siglo XII en el que Gengis Kan fundó el Imperio mongol y los navegantes de Europa comenzaron a usar en sus barcos el mecanismo que hoy conocemos como «timón». La hipótesis de Cordero Aparicio sobre los ancestros de la reina navegó durante un tiempo entre círculos académicos, pero el especialista no consiguió el respaldo de sus pares hasta 2018, cuando Adam Rutherford, genetista británico, postuló que todos los europeos descienden del rey Carlomagno. «Todos somos especiales —dice Rutherford en su libro *A Brief History of Everyone Who Ever Lived*—, lo que también significa que ninguno de nosotros lo es.» En una disciplina que debate un posible origen común entre europeos, decir que entre los ancestros de Letizia hubo un monarca podía ser tan acertado como afirmar que todos descendemos del mono.

Carente de un linaje aristocrático propio, Letizia Ortiz mantuvo en secreto su noviazgo con el príncipe durante un año. A sus familiares y amigos les decía que se estaba viendo con un diplomático llamado Juan. Pero buscaba complicidad en el linaje de su oficio.

Meses antes de ser princesa, fue con un amigo periodista a Paulino, un restaurante del centro de Madrid, cerca de la estación Alonso Cano, donde todos los lunes un grupo de editores de los principales diarios de España se reunían a cenar.

—Es una mujer astuta —recuerda uno de los editores que cenaba en ese restaurante.

Durante unas semanas Letizia Ortiz se unió a ese grupo, pero dejó de aparecer cuando se supo que ella era la novia del príncipe Felipe.

—Ella quería hacerse amiga de nosotros para que la tratáramos bien —dice el editor.

Letizia les pareció «encantadora».

Luego la prensa de Europa salió a cazar historias sobre su pasado.

Alonso Guerrero, el escritor y exmarido de la reina, sintió que protagonizaba una historia de ficción.

—Me robaban la correspondencia del buzón y me ofrecían miles de euros por fotos de mi matrimonio con Letizia —recuerda Guerrero—. Era una cosa muy grotesca.

Telma Ortiz, la hermana del medio de la reina, demandó por entonces a cincuenta medios de comunicación acusándolos de acoso. La jueza que atendía la causa descartó la denuncia porque consideró que la vida de la familia Ortiz Rocasolano era pública.

—Letizia estaba exaltada —recuerda Henar Ortiz, una tía de la reina.

Había recibido una llamada de su sobrina un día en que

un grupo de fotógrafos merodeaba la casa de la abuela materna de la reina.

Estaban en Sardéu, una aldea de Asturias a cuarenta y cinco minutos en coche de Oviedo.

—Letizia me ordenó que no dijera nada —recuerda la tía.

La lealtad no es un código absoluto y la futura reina exigía silencio a su familia.

Y no solo a su familia.

Eliseo García Nieto, su excompañero de la agencia EFE, recibió una llamada cuando la boda real se estaba por celebrar. Quien lo llamaba era otro periodista, de la misma agencia de noticias, con el que Letizia Ortiz había tenido un romance.

—Me dijo que ella lo había llamado con un mensaje amenazador —recuerda García Nieto—. Lo amenazaba a él y a su familia.

A punto de convertirse en princesa, Letizia Ortiz no quería que su examante contara nada.

Su nuevo estatus social exigía callar aún más.

—Él me advirtió: «Te lo cuento por si me ocurre algo» —dice García Nieto sobre esa llamada—. Estaba asustado, como quien quiere salvarse las espaldas. Luego me recordó que había tenido una relación bastante agresiva con ella.

El salto a la vida pública irrumpe con una ola de rumores y delaciones.

Letizia Ortiz intentaba poner a salvo su privacidad.

—Siempre se ha dicho que ella les dice a sus amigos: «Si queréis seguir siendo mis amigos, no digáis ni una palabra» —recordó Alfredo Urdaci, su exjefe en Televisión Española, en una entrevista—. Esa es la premisa para mantener su amistad.

Una de sus amigas cree que hablar de la reina sería como traicionarse a sí misma.

—Es una norma que me he impuesto —me dice Sonsoles Ónega, quien fue una de las testigos de su boda con el príncipe Felipe y conoce a la reina desde que ambas eran presentadoras de televisión—. No hablo de ella. Prefiero poner ahí una frontera y no pasarla —insiste Ónega—. Es una convicción sobre lo que creo que debo hacer, y además coincide con mi forma de pensar.

Cuando te conviertes en un personaje público, los diques que contienen un código de silencio se van volviendo vulnerables.

Su primo hermano no soportó la presión.

—Mi prima se puso paranoica —me dice David Rocasolano—. Qué haces, qué dices, por qué estás ahí, por qué te reúnes con tal persona. Quería tener todo controlado. Era insoportable.

Mientras se iba transformando en simbólica madre de una gigantesca familia nacional, la futura reina veía peligrar su intimidad y la de su familia.

Jaime Peñafiel, el reportero que durante dos décadas trabajó en la revista *¡Hola!*, quiso poner a prueba el sentido del humor de Letizia Ortiz: publicó en el diario *El Mundo* una columna satírica donde le daba consejos a la princesa para cuando estuviera triste. A la reina del futuro que había buscado tener complicidad con sus excompañeros de oficio, la sátira le resultó ofensiva. Un día encontró a Peñafiel en una entrega de premios a periodistas y lo increpó.

—Señalándome con el dedo —recuerda Peñafiel—, me dijo: «¡Mírame a los ojos! ¡Mírame! ¿Tú ves que esté triste?».

Las reinas de España siempre han sido vistas como mujeres tristes.

La reina Letizia, en cambio, se ha mostrado desafiante. Es un estado de impaciencia e inquietud con el mundo, una imposibilidad de concentrarse en una clase de yoga. Incluso ante las indiscreciones de la prensa del corazón, cuya naturaleza es de caricatura y taquicardia, le cuesta reírse de sí misma. Ella quiere tener siempre el control. Como aquella mañana de marzo de 2015, cuando en el Senado de España la rodeaban niños con enfermedades extrañas y me preguntó si escribiría bien o mal sobre ella.

A su lado colgaba el retrato de otra reina.

Era la tatarabuela de Felipe VI.

En esa pintura al óleo, María Cristina de Habsburgo-Lorena aparece embarazada y vestida de luto en el mismo edificio del Senado, pero en 1885. Sus dos hijas, también vestidas de negro, están apesadumbradas y prendidas a su falda. Es una escena dramática, como las de otras reinas cuyos retratos están en el Museo del Prado. El marido de María Cristina de Habsburgo-Lorena, el rey Alfonso XII, había muerto y ella asumía la regencia para que el hijo que esperaba ocupase el trono diecisiete años después. María Cristina fue la reina que durante más tiempo ocupó el lugar del monarca y, en su época, una de las más poderosas y cultas de Europa. Pero en su retrato más famoso se la ve sufriente. A ella la llamaban «Doña Virtudes».

La fatalidad y la burla han sido tópicos entre las soberanas. Es la imagen oficial de las reinas de España que la reina Letizia se niega a dar de sí misma.

Cuando el príncipe Felipe fue proclamado rey, ella exigió el acceso al archivo de fotos del Palacio de la Zarzuela y se lo negaron. La reina Sofía y los fotógrafos oficiales eran los únicos que entraban en ese lugar. Letizia quería tener el control absoluto de su imagen pública e insistió. Hoy los fotógrafos de la Casa Real trabajan como empleados externos y, al acabar su tarea, dejan las fotos a un encargado de prensa. Letizia se encarga de eliminar las fotos que no le gustan.

Trece años después de haber leído sus últimas noticias como presentadora de televisión, los rumores sobre ella y las sonrisas diplomáticas pertenecen a un idioma con el que ella prefiere no dialogar. Letizia Ortiz se crio en un mundo donde el rigor es parte del oficio de informar y los reyes, personajes distantes. Hoy, cuando es reina, más que triste, ante una crítica, puede ponerse furiosa.

Letizia Ortiz tenía nueve años cuando un día vio al príncipe Felipe pasar por la esquina de su casa. Fue en Oviedo, la capital de Asturias, la ciudad donde ella había nacido, a cuatrocientos cincuenta kilómetros de Madrid, y él llegaba en un coche con cristales tintados y escolta de motos. El príncipe tenía trece años y leería allí el primer discurso público de su vida. Letizia Ortiz vivía con sus padres y dos hermanas menores en un piso alquilado dentro de un edificio austero en la periferia norte de Oviedo, en un barrio desangelado y fronterizo, con terrenos baldíos y aceras sin baldosas, a medio urbanizar. Lo volvería a ver al año siguiente, en 1982, cuando, por pánico escénico, se quedaría mudo siete segundos durante su discurso de presentación de los Premios Príncipe de Asturias. Volvería a verlo en sus siguientes visitas a Oviedo, pero no hablaría a solas con él hasta unos veinte años después.

Lo encontraría en Madrid en el ático de Pedro Erquicia, un popular presentador de Televisión Española que ofrecía una cena a sus amigos y compañeros de trabajo. El príncipe tenía en ese momento treinta y cuatro años. Letizia Ortiz, por entonces presentadora de televisión, veintinueve.

—Él no paró hasta que se citó con ella después de verla en la tele —recordó Alfredo Urdaci en una entrevista sobre Felipe de Borbón.

La futura reina y Urdaci presentaban juntos el telediario que el príncipe solo veía para verla a ella. Felipe de Borbón arreglaría luego ese primer encuentro en Madrid para conocerla.

—Letizia tiene algo que enamora a la primera a un hombre —dijo su exjefe—. Tiene energía y vehemencia. La tenía delante de la cámara y también en persona, y al príncipe esa energía le gustó. Esa energía le daba seguridad a don Felipe.

Antes de prometerse con ella, Felipe de Borbón era un joven serio y retraído que le costaba hablar en público.

La reina exhibía la tenacidad de una chica de provincias con ansias de progresar.

Cuando se anunció la boda real, el príncipe enumeró las virtudes de su novia.

—Su inteligencia, su elocuencia, su coraje —dijo Felipe.

De niña, Letizia Ortiz asistía en Oviedo a un colegio público de doble turno, tomaba clases de ballet y de solfeo, y a los doce años conducía *El Columpio*, su primer programa de radio.

—Siempre le dije a mis hijas que debían aprender varias cosas para luego decidir qué querían —me dice Jesús Ortiz, el padre de la reina—. Lo clásico es la base para aprender todo lo demás.

Letizia era una chica con ganas de escapar del inmóvil mundo provinciano hacia el vértigo de la capital.

Había vivido hasta sus dieciséis años en Oviedo, esta ciudad de unos doscientos mil habitantes, capital administrativa y clerical de Asturias, con funcionarios públicos y conventos, abogados y médicos, iglesias y notarios, conciertos de música clásica todo el año y temporadas de ópera, una universidad cuatro veces centenaria y un equipo de fútbol en la Liga de Segunda División de España cuyo himno comienza así: «Es Oviedo ciudad de abolengo. Y ha tenido siempre la razón». Tras la caída de la dictadura de Franco, la mayor atracción en la ciudad ha sido la ceremonia de entrega de premios que llevaba el nombre «Príncipe de Asturias».

La futura reina y sus vecinos se juntaban para ver pasar al príncipe rumbo a un acto solemne en homenaje a intelectuales como Umberto Eco, músicos como Leonard Cohen, fotógrafas como Annie Leibovitz, deportistas como Rafael Nadal, economistas como Paul Krugman, científicas como Jane Goodall o periodistas como Ryszard Kapuściński. Allí, en el centro de Oviedo, Woody Allen, el cineasta ganador de uno de esos premios, tiene una estatua de tamaño natural.

Hoy, en el resto de Asturias, llaman a Oviedo «el hambre con corbata», es decir, una ciudad pobre que vive de las apariencias.

Las familias más acomodadas viven allí en un puñado de manzanas que llaman «Oviedín».

El barrio donde la futura reina de España vivió no tiene un estatus ni nombre propio.

Cuando ella lo vio frente a su casa, Felipe de Borbón atravesó una esquina donde se cruzan dos avenidas: una con el nombre de un militar fabricante de armamento pesado, General Elorza, y otra con el nombre de un ingeniero constructor de ferrocarriles, Víctor Chávarri. Al salir del portal de su edificio, Letizia veía un viejo cuartel militar y una fábrica de armas. Veía una herrería y un puente de hierro por donde pasaba el tren que iba desde Galicia hasta el País Vasco. Veía la estación de autobuses de largo recorrido. Un paisaje que invita a la despedida.

La reina de España se crio en un lugar de tránsito y ambiente industrial.

—Este barrio era triste y con unos baches enormes —me dice José María de la Riera, un vecino de los Ortiz que sigue viviendo en el mismo edificio—. No había nada. Si querías el periódico, debías caminar como diez calles hacia arriba.

La familia Ortiz vivía en la tercera puerta de la octava planta.

—Yo recuerdo a Letizia y a sus hermanas esperando a su madre sentaditas en la escalera —dice su exvecino.

Su esposa recibía a la madre de Letizia Ortiz, una enfermera que iba a ponerle inyecciones. La futura reina y sus hermanas eran recibidas por otra vecina, una peluquera apodada «Menchu» que ofrecía cortes de pelo a las mujeres del barrio, y meriendas de pan con Nocilla a las hermanas Ortiz. La peluquera rescataba a las niñas cuando se cansaban de esperar a su mamá en la escalera de ese edificio, un típico bloque de viviendas donde ninguno de sus habitantes es propietario y todos se esfuerzan para pagar el alquiler.

Hoy la mitología rural de Asturias habla de un helicóptero desde donde lanzan sacos de dinero destinados a la abuela de la reina que vive en Sardéu.

La mitología urbana de Oviedo, menos cinematográfica, dice que la Casa Real de España compró dos pisos para la familia Ortiz frente al hotel en que se hospedaban los reyes y príncipes cada vez que llegaban a entregar los Premios Príncipe de Asturias.

La novela más citada por quienes retratan la ciudad donde la reina nació es *La Regenta*, la ópera prima de Leopoldo Alas «Clarín», ambientada en el Oviedo del siglo XIX. El personaje principal es una joven casada con un hombre mayor, el regente de la Audiencia, al que le es infiel con un hombre de clase social inferior y por ello es marginada por una sociedad aristocrática y decadente que la somete a padecer la humillación de la vergüenza.

—Letizia se parece bastante a un producto de nuestra ciudad —dice Javier Cuervo, su exeditor en el diario *La Nueva España*—: una buena alumna, con afán de aprender, a quien desde muy joven le gustaba vestirse de gala para una cena y quería escribir en el suplemento de cultura.

Cuando se comprometió con Felipe de Borbón, la futura reina le dijo a la periodista del diario *ABC* que la entrevistó que tenía ganas de volver a su tierra.

—Tengo ganas de sentirla, de pasearla, de saludar y ver cómo me miran —dijo la reina.

Hoy más de cuarenta y cinco millones de españoles miran hacia ella.

La reina Letizia había fantaseado con volver al paisaje de su infancia sin imaginar que perdería su intimidad.

—Ahora, con los ataques de la prensa, se le ha avinagrado

el carácter —me dice Estrella Itza, su exprofesora de inglés—. Pero Letizia tampoco fue la personificación de la dulzura.

Estrella Itza conoce bien a la familia de la reina.

Cuando Letizia Ortiz era una adolescente de trece años y asistía a La Gesta, el colegio público de señoritas con enseñanza de doble turno, pasaba sus días tomando clases de nueve a doce y de tres a cinco. Estrella Itza fue su tutora, le dio clases de inglés durante dos años y también fue profesora de sus hermanas. Como tutora, Itza informaba a los padres del comportamiento de Letizia y de sus calificaciones en todas las asignaturas. Le decía a la madre que su hija era una alumna con notas altas en lengua y literatura, pero en las clases de inglés le costaba pronunciar el acento que ella exigía como profesora educada en Oxford. Durante cinco años, la profesora de inglés y los padres de las tres hermanas Ortiz mantuvieron un contacto frecuente.

—Es una mujer arrolladora —recuerda la profesora sobre la madre de la reina.

Paloma Rocasolano, la mamá de Letizia, fue enfermera en Madrid y en Oviedo, donde antes de cumplir veinticinco años tuvo a sus tres hijas y comenzó su militancia sindical.

La madre de la reina fue delegada en el Sindicato de Ayudantes Técnicos Sanitarios de España y, en los últimos años, antes de jubilarse, dirigió un proyecto de cooperación que organizaba viajes para enfermeros a las zonas más desfavorecidas de América y África.

Estrella Itza recuerda a la mamá de la reina como una mujer «hospitalaria y alegre».

Para la profesora, el carácter de Letizia no se parece del todo al de su madre.

—Tal vez en el ímpetu sindicalista —dice—. Letizia es más seria.

Las nuevas generaciones de mujeres en las monarquías de Europa también fueron hijas de madres trabajadoras que no se criaron en un palacio.

La madre de Mette Marit Tjessem, princesa de Noruega, fue una empleada bancaria divorciada que crio sola a su hija en Slettheia, un distrito obrero de la ciudad de Kristiansand, al sur del país. La madre de Máxima Zorreguieta, reina de Holanda, era ama de casa y secretaria de su marido, el ministro del dictador Videla, que vivía con su familia en el barrio de la Recoleta, en Buenos Aires, famoso por su cementerio donde está el sepulcro de Eva Perón. La madre de Kate Middleton, duquesa de Cambridge, era una azafata casada con un despachador de vuelos que crio a su hija en el pueblo de Bucklebury, cercano a la ciudad de Windsor, en uno de los condados más antiguos de Inglaterra. La madre de Mary Elizabeth Donaldson, esposa del príncipe Frederik de Dinamarca, era asistente del vicedecano de la Universidad de Tasmania, y crio a su hija en barrios de clase media en Hobart, Australia, y en Houston, Estados Unidos.

Paloma Rocasolano, la madre de la reina de España, era jefa de extracciones de sangre en un hospital ambulatorio de Oviedo. Hacía horas extras atendiendo a las vecinas del edificio donde vivía.

María Días Álvarez, una vecina de la misma planta en la que vivió Letizia Ortiz, recibía una vez por semana a la madre de la reina para que le pusiera inyecciones.

La recuerda «pizpireta».

La madre de la reina, como su hija, era una mujer habladora.

—Iba a clase de danza con sus hijas —dijo— y siempre salía de su casa haciendo algún paso de baile.

La reina tiene diecinueve años menos que su mamá.

Cuando ella nació, su abuela paterna tenía cuarenta y cuatro y era una estrella de la radio en Asturias.

Letizia Ortiz se crio entre mujeres jóvenes, alegres y enérgicas.

Cuando su hija se comprometió con el príncipe y la prensa escrutaba a su familia, la madre de la reina seguía siendo una mujer con proyectos y ganas de seguir aprendiendo.

A los cincuenta años, Paloma Rocasolano se matriculó en una licenciatura de Historia del Arte. Con una hija que pasaría a la historia como reina de España, su madre quería estudiar una carrera de cuatro años y casi cincuenta asignaturas. Arte antiguo de Egipto, Iconografía y Mitología, Historia Medieval. Tenía sus estudios de enfermera como único currículum académico.

Tres meses antes de la boda real de su hija, fue noticia en el diario *El Mundo*: uno de los profesores que vigilaba un examen de Historia de Grecia la descubrió copiando.

La madre de la reina fue descubierta con unos apuntes para ayudar su memoria. La presidenta del tribunal de la Universidad Nacional de Educación a Distancia le pidió que saliera del aula. Paloma Rocasolano le rogó que no contara lo sucedido, porque ella era «la madre de doña Letizia Ortiz Rocasolano» y no quería que se publicitara su fraude académico. Al copiar en un examen, la madre de la reina recordó que su propia vida estaba siendo examinada.

Cuando a la reina Sofía le preguntaron por la madre de Letizia, fue elogiosa.

—Es una mujer estupenda —dijo sobre ella en el libro de Pilar Urbano *La reina muy de cerca.*

Pero, al describir a Letizia, la comparó con su propia madre, la reina Federica.

—Letizia es como mi madre —dijo la reina Sofía—. Vivaz, espontánea, extrovertida. ¡Nada se le pone por delante!

Berta Martino, otra profesora de La Gesta, el colegio de señoritas en el que la reina estudió toda su escuela primaria, recuerda a la niña Letizia Ortiz como una radio encendida.

—Era una niña muy desenvuelta y comunicativa —dice la profesora—. Durante los recreos siempre me hablaba de sus tías y de su abuela.

La profesora Martino acompañó a la futura reina y a sus compañeras de aula a un viaje de fin de curso a Sevilla.

Quienes la conocieron de niña coinciden en que la reina conserva el mismo entusiasmo hiperactivo y perfeccionista.

Marisa Fanjul, la profesora de ballet que por diez años le dio clases en Oviedo, la recuerda autoexigente.

—Era muy dura con ella misma —dice Fanjul—. No era permisiva y su madre se quejaba: «Letizia dice que no la corriges». Pero en una clase de veinte alumnas yo no podía estar solo con ella.

Letizia Ortiz iba a clases tres veces por semana con una profesora que aplicaba el estricto método de la bailarina rusa Agrippina Vagánova, un método que se instauró no solo en el teatro Bolshói, sino también en el Royal Ballet y en el American Ballet Theatre. Letizia quería ser una versión mejorada de la profesora Fanjul, seguidora de la escuela rusa. Se hacía llamar por sus hermanas «Marisova».

—Lo que más le costaba era la elasticidad —recuerda

Fanjul—. No era elástica consigo misma, y la elasticidad física se corresponde con la elasticidad mental. Si tú eres elástica físicamente, eres más tolerante.

Hoy la reina sigue caminando con la postura erguida de una bailarina de ballet.

—Ella quería ser perfecta —insiste Fanjul—. Pero cuando se atiende tanto a la técnica, el baile resulta frío.

Su profesora le pedía tolerancia.

Letizia no toleraba pasar el tiempo sin hacer más para mejorar.

Más allá de su colegio y de la disciplina del ballet, en su infancia la futura reina estudiaba solfeo y dirigía el programa radial *El Columpio*.

Le hablaba a un público infantil desde la misma emisora AM donde trabajaba su abuela paterna, la locutora y actriz María del Carmen Álvarez del Valle. Su padre ayudaba a Letizia a escribir los guiones.

—A mí me gustaba escribir —dice Jesús Ortiz—. Siendo joven pensé en estudiar Filosofía y Letras.

Cuando salía del colegio, Letizia muchas veces se quedaba en la radio acompañando a su abuela hasta que su padre la pasaba a buscar.

—Desde pequeña siempre estaba en la radio merendando y haciendo los deberes —dijo Letizia en una entrevista un mes antes de que se anunciara su compromiso con el príncipe Felipe—. Y eso, parece que no, pero te va marcando.

La reina era una niña que admiraba la afición por la escritura de su padre, compartía profesora de danza con su mamá y pasaba mucho tiempo con su abuela.

La familia de la reina está hecha de mujeres que trabajaban por su cuenta cuando la mayoría de mujeres de España eran amas de casa.

Durante el franquismo, las mujeres no tenían derecho a tener cuenta bancaria y era mal visto que condujeran o viajaran solas sin el permiso de sus maridos.

La abuela paterna de la reina usaba ante su público su apellido de soltera.

María del Carmen «Menchu» Álvarez del Valle fue una voz popular en Asturias, y las hermanas de ella, sus tías abuelas, tuvieron una vida pública en Madrid: la menor fue locutora y la mayor se dedicó a producir cine durante su juventud. Desde los años cuarenta, la abuela Menchu trabajó en la radio que operaba bajo el régimen franquista y las siglas REM (Red de Emisoras del Movimiento), donde conservó una audiencia hasta 1990, cuando su nieta comenzaba a estudiar periodismo en Madrid. Aún conserva una foto de su nieta donde, en una dedicatoria, la futura reina le dice que espera ser tan buena periodista como ella. Después de comprometerse con el príncipe, la primera visita pública a su familia que hizo Letizia fue a la casa de su abuela.

—Letizia fue mi primera nieta y la recibí con un entusiasmo desbordante —declaró la abuela al diario *La Nueva España*—. Me entregué a ella y ella a mí.

La reina creció admirando a una abuela joven muy popular entre las mujeres de Asturias.

En los años cuarenta, la abuela había interpretado un personaje radial que se llamaba «Hada Ilusión». En los años noventa, la nieta usaría el seudónimo «Ada» para firmar sus notas en un diario de México.

La abuela había trabajado en una organización sindical

que dependía del régimen franquista, donde le exigieron renunciar cuando se casó. Entonces se fue a la radio.

Su programa más popular fue la tertulia *Puente a su problema*, en la que ayudaba a sus oyentes a solucionar su vida doméstica. Fue también colaboradora del suplemento femenino del diario *La Nueva España* y condujo el programa *Coser y cantar*.

Pero la abuela jamás aprendió a coser.

Cuando el régimen de Franco ejercía la censura, la abuela de la reina salía al aire con más entretenimiento que información.

—Fueron tiempos difíciles, pero apasionantes —dice la abuela con voz grave al teléfono—. Ahora estoy jubilada. Pero creo que valió la pena.

Igual que su nieta, la abuela conserva el hábito del cigarrillo. A sus casi noventa años, sigue fumando dos cajetillas de tabaco rubio al día, vive sola en Sardéu y conduce su coche por esa comarca. Aunque ha perdido más de la mitad de la audición, María del Carmen Álvarez del Valle sigue acudiendo a una tertulia literaria con amigas.

—Mi madre, Menchu, es una mujer que hace lo que le sale de las narices y Letizia es como mi madre: no pregunta, interroga —recuerda Henar Ortiz, la tía de la reina—. Si quieres estar bien con ella, no discutas. Mi padre era como un marido consorte.

Hoy, habiendo crecido en una familia progresista y dominada por mujeres, Letizia Ortiz representa a una institución conservadora y patriarcal.

De su abuelo materno, que había sido taxista en Madrid, en su familia recuerdan que era un hombre antifranquista y de ideología republicana. En 1976, en cambio, siendo locutora de radio, su abuela paterna transmitió con entusiasmo la primera visita a Asturias de los reyes de España.

—Conté todas las mentiras del mundo —dijo la abuela al diario *La Nueva España* sobre el recibimiento a los reyes—. Describí paisajes e inventé pancartas y cánticos.

Lo dijo en 1990, cuando no imaginaba que su nieta llegaría a ser reina de España.

En 1976, los reyes Juan Carlos I y Sofía llegaron a Asturias con veinte minutos de demora, y la abuela, que había tenido que salir al aire y decir algo mientras los esperaba, improvisó un efusivo recibimiento de ficción para toda España.

A la abuela solo se le ocurren elogios al hablar de los reyes. En Oviedo, la ciudad donde la reina creció, veinticinco de sus calles tuvieron nombres de generales franquistas y el colegio al que fue Letizia se llama «La Gesta» en honor a la resistencia del régimen contra las tropas republicanas. Carmen Polo, la esposa del dictador Franco, también nació en Oviedo.

—Yo siempre he sido *juancarlista* —declaró María del Carmen Álvarez del Valle, la abuela de la reina, cuando su nieta ya era princesa, refiriéndose a su afición por el rey Juan Carlos I.

—Yo también pensaba que el rey nos salvó de una dictadura —recuerda Henar Ortiz, la tía de Letizia—. Era tan reciente el franquismo que teníamos miedo de retroceder.

Como la mayoría de españoles, la familia de Letizia veía a los reyes como un símbolo de la transición hacia la democracia y de prestigio social.

Desde niño, su padre estuvo fascinado por la realeza. Tenía cuatro años cuando interpretó en un teatro infantil al protagonista de la obra de Rabindranath Tagore *El cartero del rey*, en la que un niño huérfano tiene la ilusión de recibir una carta del monarca. Tres décadas después de aquella obra infantil, Jesús Ortiz fundó en Oviedo la Asociación Cultural Amigos de la Faba. La faba es una legumbre con denominación de origen en Asturias y el padre de Letizia tuvo la idea de pedir audiencia para distinguir al rey Juan Carlos I con la Faba de Oro. Desde entonces, conserva en su casa una foto en la que aparece posando con otros junto al rey en el Palacio Real. El padre de Letizia quería promocionar la faba, pero también conocer en persona a Juan Carlos I.

Su hermana menor, Henar Ortiz, recuerda que su madre siempre le dice: «Lo más importante que nos pudo haber pasado es que Letizia llegue a ser reina. No se puede llegar más alto».

—Pero —se pregunta Henar Ortiz—: ¿qué es llegar más alto?

Tras los años trágicos de Franco, la llegada de la familia real era una fiesta. El Premio Príncipe de Asturias, que en 2014 se convertiría en Princesa de Asturias, creó la ilusión de que Oviedo es una ciudad menos aislada del resto del mundo. El acontecimiento más importante de los últimos años fue que Letizia Ortiz se convirtiera en princesa de Asturias y reina de España. El segundo fue la visita de Woody Allen. En 2002, el director de cine recibió el Premio Príncipe de Asturias y elogió la ciudad. Ese elogio sería inscrito en una placa a los pies de su estatua de bronce de tamaño natural: «Oviedo es una ciudad deliciosa, exótica, bella, limpia, agradable, tranquila y peatonalizada —dijo—. Es como si no perteneciera a este mundo, como si no existiera. Oviedo es como un cuento de hadas». Hoy, la protagonista del cuento de hadas es la niña que veía pasar por su calle al príncipe que sería su esposo.

Siendo reina de España, Letizia regresa al menos una vez al año a su ciudad natal.

Cada mes de octubre, la reina asiste a la misma ceremonia en la que el príncipe Felipe dio su primer discurso y, cuando vuelve a Oviedo, pasa frente al edificio donde vivió hasta los dieciséis años.

Treinta años después de haberse mudado a Madrid para ser presentadora de televisión, en su papel de reina consorte, cuando vuelve a la ciudad donde nació, debe ser una reina popular.

En el libro de Pilar Urbano *La reina muy de cerca*, Sofía de Grecia, la suegra de Letizia, fue generosa.

—Tiene un sentido innato del deber y del servicio —dijo sobre ella.

La suegra espera la consagración de su nuera.

—Cualquier persona puede ser reina si es capaz de abnegarse —advirtió— y de no pensar en ella para servir a todos por amor.

Alfredo Urdaci, su exjefe en la televisión pública de España, cree que Letizia aún no es tan empática en su papel de reina como lo fue en un set de televisión.

—Como periodista era buena —declaró Urdaci en una entrevista—. Como monarca hay que darle tiempo. Cuando llegó a ser reina de España, todo el mundo comentaba que aportaría cercanía popular, pero se ha distanciado de ese objetivo.

Los excompañeros de trabajo la recuerdan responsable e insegura, perfeccionista y déspota.

Los familiares no olvidan su carácter obsesivo y dominante.

Los periodistas la ven obsesionada con su imagen.

Cuando le preguntaron a la abuela de la reina sobre algún defecto de su nieta preferida, fue comprensiva.

—Su mayor defecto es una virtud —dijo—: el afán de perfección, de volcarse en todo. Para mí no es un defecto, pero ella lo pasa muy mal.

—Su abuela tiene una gran inteligencia social —me dice Estrella Itza, la profesora de inglés—. Y de las inteligencias múltiples, esa es la más importante.

Para la profesora de inglés, la personalidad de Letizia no se parece a la de su abuela.

—Letizia es lista. Y hay una gran diferencia entre ser inteligente y ser listo —deslinda la profesora—. Era líder. Le gustaba mandar. Pero le falla la inteligencia emocional. Debería tener más empatía, más cercanía con la gente.

En su barrio de Oviedo, la ciudad donde nació, los reyes habían sido personajes distantes y ahora, en la mayoría de sus actos, ella luce a menudo circunspecta. Un año después de haber llegado al trono, la reina Letizia no se relajaba: era como si su nuevo rango fuese una joya prestada que le producía rigidez. Hoy, más que naturalidad, se espera de ella un trato afable. Se le exige ser otra: una reina atenta con quienes se le acercan en la calle.

La mayoría de las veces, cuando se dirige a alguien, la reina suele ser imperativa. Esa mañana en el Senado de España, en el Día Mundial de las Enfermedades Raras, minutos después de acabar el acto, me preguntó si escribiría bien o mal sobre ella y guardó un silencio expectante. Era como una conductora de un programa de preguntas y respuestas que espera escuchar la respuesta correcta.

—Sí, se te queda mirando —me dice Henar Ortiz, la tía de la reina, sobre su sobrina—. Te está marcando la línea. Te está avisando: «No te pases un pelo». Ella funciona así.

Para Henar Ortiz, el tono imperativo de su sobrina es parte de su forma de ser.

—Es solo por control —me dice David Rocasolano, su primo—. Cuando tienes una conversación con Letizia, ella no para de preguntar. Pero no es para saber. Es porque preguntando controla la conversación. Ella lo hace todo el rato. Y con todo el mundo.

Para el primo de la reina, más que una amenaza, sus preguntas la hacen sentirse más segura.

—Letizia siempre ha sido así —insiste su tía Henar Ortiz—. Lo interesante es que ella es tal cual es. O tal cual era. Aunque se adapte a su trabajo, Letizia no cambia.

A sus familiares no les sorprende su tono vehemente.

Las preguntas son un escudo y una lanza.

Esa mañana en el Senado de España, cuando me preguntó si escribiría bien o mal sobre ella, su ayudante de campo también se mantuvo callado.

Uno de sus custodios, en cambio, se acercó a decir algo.

—Recuerda que ya no estás como periodista —me advirtió en voz baja el escolta.

Su función es recordarles a los cronistas que todo lo que diga la reina fuera de un acto oficial es privado. Es el código de silencio para la prensa. Es como si después de un acto oficial la reina dejase de serlo y los reporteros que la siguen tuviesen que dejar de trabajar.

Cuando acaba sus presentaciones públicas, la reina queda rodeada por sus escoltas en un área restringida que en la jerga policial llaman «cápsula». Es un perímetro de seguridad que gira a unos tres metros en torno a los reyes y que está formado por el escudo de la Guardia Real. Allí solo entran sus asistentes, funcionarios de gobierno, periodistas acreditados y ciudadanos que los reyes quieren recibir.

Las cámaras de televisión y los fotógrafos que se acercan a la reina lo hacen desde fuera de la cápsula. Desde allí, registran los diez primeros minutos de los actos y se van.

Esas son las imágenes que llegan al público.

Dentro de la cápsula hay que guardar la cámara y apagar los micrófonos.

Es una forma de decir que lo que se habla dentro de la cápsula queda en la cápsula.

Durante sus años en televisión, la reina Letizia habló para toda España ante una cámara de telediario. Cuando se casó con Felipe de Borbón, aceptó ser parte de un pacto de silencio que, como toda omisión, produce rumores, cotilleos y malentendidos.

Cinco años antes de que fuera princesa, cuando Letizia era presentadora de noticias en CNN+, Jon Lee Anderson, reportero de la revista *The New Yorker*, habló con el rey Juan Carlos I. Tras escribir sobre él, recibió una llamada de atención de la Casa Real. Anderson recuerda que desde el Gobierno de España llamaron al embajador estadounidense en Madrid, y que en Estados Unidos el embajador de España también se quejó al Departamento de Estado. El reportero había hablado con Juan Carlos I dentro de la cápsula, y la Casa Real quería impedir que las palabras del rey se conocieran.

Juan Luis Cebrián, expresidente del Grupo Prisa, explicó en una entrevista el silencio que rodea a los reyes.

—Hubo un pacto tácito entre los medios de comunicación y los partidos políticos —dijo Cebrián en 2016—: no adoptar posturas excesivamente críticas respecto a la Casa Real.

El motivo del pacto, según Cebrián, es que el rey sirvió como «dique contra los intentos golpistas» después de la dictadura de Franco, y, desde entonces, políticos y periodistas decidieron protegerlo de las críticas.

El pacto de silencio es así una forma de autocensura. En España se usa el eufemismo «responsabilidad de Estado». Hablar mal del monarca era como estar en contra de la democracia. Proteger al rey parecía ser un acto patriótico. Aunque el pacto de silencio no solo protegía cuestiones de Estado.

Durante años Juan Carlos I tuvo un romance con la empresaria alemana Corinna zu Sayn-Wittgenstein, y la prensa española lo mantuvo en silencio. Aunque era *vox populi* que ella vivía en un chalé para visitantes extranjeros que el rey le había cedido cerca del Palacio de la Zarzuela.

—Yo valgo más por lo que callo que por lo que cuento —dice Jaime Peñafiel, quien trabajó dos décadas en la revista *¡Hola!*

El pacto de silencio servía a los cronistas de palacio para demostrar lealtad al monarca.

Una reina no puede decir todo lo que piensa. Pero puede compartir opiniones a través de un biógrafo para acercarse a los ciudadanos. La reina Sofía fue entrevistada y citada en dos libros de Pilar Urbano: *La reina* y *La reina muy de cerca*.

Cuando era princesa, Letizia Ortiz era una mujer locuaz que mantenía el hábito de conversar con excompañeros de oficio. En 2003, cuando se comprometió con el príncipe Felipe, ella respondió preguntas por teléfono a una periodista del diario *ABC*. Siendo reina actúa como una mujer más reservada y, aunque podría exigir condiciones para conceder una entrevista, en cuatro años no ha concedido ninguna. Su suegra, la reina Sofía, por ejemplo, exigió a su biógrafa Pilar Urbano que le mostrara sus preguntas antes de entrevistarla, y leyó el manuscrito del libro antes de que fuera publicado. La reina Letizia guarda el silencio expectante de quien se obliga a callar pero siente curiosidad por saber todo lo que se dice sobre su vida. Como esa mañana en el Senado de España, cuando me preguntó si escribiría bien o mal sobre ella.

Con un pasado de periodista, la reina es una profesional cautelosa al hablar en público y, a la vez, alguien que apoya la libertad de expresión en sus discursos.

En una ocasión, en la décima edición de los premios de periodismo parlamentario Luis Carandell, Letizia habló sobre los periodistas que ella admira.

«A los periodistas valientes que dicen que no. A los que se plantan —dijo la reina—. A esos redactores que no van solo por ir. A los que mantienen la independencia.»

Ese día Letizia entregó un premio a una periodista de *La Vanguardia*.

Fue la primera vez que, siendo reina, se refería a la importancia de tener una prensa independiente.

El tema de su tesis universitaria había sido «Prensa y poder».

En el año 2000, ella había sido premiada por su trabajo en televisión.

—No se la veía nerviosa. Ni emocionada —me dice Javier Mayoral Sánchez, otro periodista que recibió el mismo reconocimiento que Letizia Ortiz.

Era el Premio Mariano José de Larra al mejor periodista menor de treinta años que entrega la Asociación de Prensa de Madrid. Letizia era presentadora de Televisión Española. Javier Mayoral, el otro premiado, editaba el informativo de Telemadrid.

—Ella controlaba absolutamente su presentación pública —recuerda Mayoral—. No es que no le diera importancia al premio: se comportaba como una profesional. Era novata, pero tenía muchas tablas. Mucha seguridad.

Letizia se comportaba ante un premio con el aplomo de quien ha hecho bien su trabajo.

Dos años antes de conocer a Felipe de Borbón, había tenido que informar sobre atentados de la banda terrorista ETA, sobre la violencia cotidiana de los hombres hacia las mujeres que empezaba a ser debatida en España y sobre el desconcierto de los españoles ante el cambio de la peseta por el euro.

El día que recibió su premio, la futura reina habló unos cinco minutos con Javier Mayoral.

—Me han pedido que haga el informativo matinal —recuerda que ella le dijo—. Y los madrugones son muy difíciles de compatibilizar con el resto de la vida.

Cada día, Letizia Ortiz tenía que levantarse de madrugada para dar las primeras noticias.

Hoy la reina se levanta a las seis y cuarto para desayunar con sus hijas y cada año entrega una serie de premios a reporteros y medios de comunicación.

Letizia Ortiz representa a un país donde el mayor reconocimiento al periodismo es el Premio Rey de España, pero la prensa tenía con la Casa Real un pacto tácito de silencio. Sus escoltas siguen pidiendo a los cronistas no publicar nada de lo que ella diga fuera de un acto oficial. Pero, en privado, la reina suele ser locuaz y los escoltas no siempre pueden protegerla.

—Sabemos quién eres, sabes quiénes somos —decía la reina en un mensaje por chat en 2014—. Nos conocemos, nos queremos, nos respetamos —insistía—. Lo demás, *merde*.

La reina chateaba con Javier López Madrid, un empresario amigo de Felipe VI, que había sido acusado por acoso sexual y estaba siendo investigado por malversar fondos de una caja de ahorros y un banco.

La reina le recordaba su confianza desde su teléfono móvil.

—Un beso *compi yogui* (*miss you!!!*) —se despidió.

Ella estaba registrada en su teléfono como «Ltzia».

La prensa acusó a la reina de consolar a un delincuente.

Un año después, el mismo amigo de Felipe VI fue arrestado por otra causa: había pagado una comisión millonaria al gobierno del Partido Popular en Madrid para que este beneficiara a la empresa constructora que él dirigía.

En su historia reciente, la familia real nunca había sido tan criticada como en los últimos años.

Cuando el príncipe Felipe fue proclamado rey, su hermana, la infanta Cristina, y su marido, Iñaki Urdangarin, estaban siendo procesados por fraude y delito fiscal. El marido de la infanta declaró que sus negocios los aceptaba la Casa Real.

En plena crisis económica, el rey Juan Carlos I había viajado a Botsuana a cazar elefantes con la empresaria Corinna zu Sayn-Wittgenstein, y al regresar a España pidió disculpas ante una cámara de televisión.

—Lo siento mucho —dijo el rey—. Me he equivocado y no volverá a ocurrir.

El safari de Juan Carlos I había sido un secreto hasta que él se quebró una cadera en Botsuana a causa de un accidente y regresó de urgencia a Madrid

Era la primera vez que Juan Carlos I se disculpaba en público en sus más de treinta años de reinado. La edición estadounidense de la revista *Vanity Fair* no se quedó callada y publicó el romance del rey.

La cápsula de silencio no pudo contener el escándalo.

Los nuevos reyes quedaron expuestos.

—Durante mucho tiempo en España fue tabú hablar mal de la familia real —recordó Paul Preston, el historiador británico y biógrafo del rey Juan Carlos, en una entrevista—. Cuando finalmente ese tabú se rompió, había hambre de hablar acumulada durante años.

Letizia Ortiz era princesa cuando la prensa y la Casa Real compartían un pacto de silencio. Diez años después, se convirtió en reina cuando el pacto de silencio se había roto.

Las sucesiones son siempre conflictivas y Letizia llegó a un trono en apuros.

Sus últimas tres antecesoras también.

María Cristina de Habsburgo-Lorena llegó a Madrid tras la muerte de María de las Mercedes de Orleans, una de las soberanas más amadas por los españoles, y durante un paseo con el rey Alfonso XII se salvó de milagro de los disparos de un anarquista que atentó contra ellos con un arma de fuego. La siguiente reina, Victoria Eugenia de Battenberg, se casó con Alfonso XIII y, el mismo día de su boda, sobrevivió a una bomba lanzada por otro anarquista en Madrid. Veinticinco años después, fue despedida de España con insultos cuando huyó tras la declaración de la Segunda República. La reina Sofía aterrizó en una España inestable que encaraba el final de la dictadura de Franco y, más de treinta años después, dejó su cargo con vergüenza ajena: una hija y su yerno investigados por la justicia, un esposo rey que le había sido infiel durante décadas y que tuvo que abdicar por impopularidad.

En los círculos de poder la confianza suele ser un valor inestable. Durante años, Felipe de Borbón había confiado en uno de sus compañeros de la facultad de Derecho de la Universidad Autónoma de Madrid y, al acabar un curso, se enteró de que su amigo no era un estudiante, sino un policía secreto al que sus compañeros de oficio llamaban por sus siglas: M. H.

Cuando se casó con el príncipe Felipe, Letizia Ortiz entendió que los escoltas que la custodian también la vigilan.

Ser miembro de la familia Borbón supone perder la privacidad por el asedio de la prensa o por el espionaje. Como su hijo, el rey Juan Carlos I también vivió espiado.

—Tenía a la policía detrás de mí todo el día —dijo el

monarca en un documental de France Télévisions y Televisión Española sobre el control que ejercía en su vida el dictador Franco—. Era muy molesto.

Veinte años después, en plena democracia, Juan Carlos I supo por la propia Casa del Rey que había micrófonos en su teléfono y debajo de la moqueta de su despacho. En la década de 1990, el rey seguía siendo espiado. Pero el contenido de esas escuchas no trascendió hasta 2017, cuando la prensa ya no protegía la imagen del rey de España.

—Nunca he sido tan feliz —le decía el rey a un amigo en una de esas grabaciones.

Juan Carlos I se refería a Marta Gayá, una mallorquina que era su amante.

El rey no se podía relajar en su propia casa. Los propios servicios de inteligencia del Estado habían sembrado el primero de los micrófonos, el del teléfono. Sobre el segundo micrófono, el de la moqueta, los ingenieros que desmontaron ese espionaje solo pudieron descartar que lo hubiera puesto un servicio de inteligencia extranjero.

El control ha sido una constante en la familia Borbón.

Ser rey es una condena a la sospecha.

Sin el silencio de la prensa, los inestables círculos de confianza lo son aún más. La reina chateó con un amigo corrupto de Felipe VI y nadie evitó que el chat se publicara. El silencio de los periodistas no solo mantenía impoluta la imagen del rey, sino también la de toda una familia.

Letizia Ortiz confiaba en su primo. David Rocasolano y ella tienen la misma edad. Compartieron la infancia junto a su abuelo taxista y fantaseaban con que ella iba a ser periodista de guerra y él, futbolista del Real Madrid. Ella dejó el periodismo para ser princesa y él dejó el fútbol por la abogacía. Pero nunca dejaron de frecuentarse.

Rocasolano fue su abogado cuando ella compró su primera propiedad, gestionó su divorcio cuando ella se separó de su primer marido y la asesoró sobre las capitulaciones matrimoniales en las que ella renunció a la tenencia de sus hijas en caso de divorcio cuando se casó con Felipe de Borbón.

Más que un primo, Rocasolano era para ella un amigo y un asesor legal.

Dos meses antes de que se anunciara su compromiso con Felipe de Borbón, ella llamó a su primo por teléfono.

—David, tienes que venir a casa —dijo Letizia, según su primo—. Necesito hablar contigo de un asunto importante. Y no puede ser por teléfono.

En su libro *Adiós, Princesa*, cuenta que Letizia le esperaba con el príncipe a un kilómetro del Palacio de la Zarzuela, en la misma casa donde hoy residen como reyes.

Querían hablar a solas con él.

—Tengo que contarte una cosa —recuerda que ella le dijo—. Una cosa que puede afectarnos a Felipe y a mí muy seriamente.

Felipe de Borbón lo miraba en silencio.

—Tuve un aborto voluntario hace un año en la clínica Dator de Madrid —le dijo Letizia—. Quiero que vayas a la clínica y que limpies todos los papeles que hay allí.

Además de tener que aceptar a una mujer divorciada, la familia real y la Iglesia se hubiesen visto en la encrucijada de tolerar a una princesa que había abortado.

Según Rocasolano, Letizia Ortiz quería destruir las evidencias de un aborto del que nadie se podía enterar.

—Lo que quiero, David —le insistió Letizia—, es que desaparezcan todos los papeles. Todos.

Según el primo, Felipe de Borbón solo intervino una vez en esa conversación y fue para insistir en la urgencia de desaparecer esas evidencias.

—Felipe no se había atrevido a encargárselo a alguien de su entorno —escribió el primo en su libro—. Temía que se filtrase la información al rey.

Rocasolano dice que al aceptar la misión de encubrir a Letizia se sintió protagonista de una película de espías.

—No era la reina de Inglaterra encargándoselo a James Bond —dice—, pero era el príncipe de España encargándoselo a David Rocasolano.

A él le sorprendió el interés del príncipe por que esos documentos desaparezcan.

—Él era consciente de la situación de Letizia —me dice sobre la intención de Felipe VI de deshacerse de las evidencias del aborto—. Él promovió esta historia —insiste—. No solo fue Letizia. Fue él.

David Rocasolano llevaba una grabadora escondida en su bolsillo y reveló el aborto de su prima.

Hoy, la reina debe comportarse como la madre comprensiva de una gran familia unida. Como esa mañana en el Senado de España, cuando presidió el acto del Día Mundial de las Enfermedades Raras.

Ese día alzó en brazos a una niña que estaba en una silla de ruedas.

—Estás más pesada —le dijo la reina.

Era una niña que padecía el síndrome de Wolf-Hirschhorn. Una enfermedad genética que produce retraso del crecimiento y debilidad muscular. La reina ya conocía su caso. A sus diez años, esa niña pesaba trece kilos, no tenía capacidad de hablar ni de mantenerse erguida y sus padres debían asistirla en todas sus necesidades. Al reencontrarse con ella y tomarla en brazos, la reina la notó más pesada. El padre de la niña recordó que Letizia tuvo siempre una mirada optimista hacia su hija y que, incluso, un día insinuó que podría ir a jugar con sus hijas.

—La reina —me dijo— es una persona muy humana.

A los reyes desde el siglo v se les atribuyó en Occidente un origen divino.

En las religiones antiguas, el rey era visto como hijo de una divinidad.

La reina Letizia suele saludar a los ciudadanos con dos besos. Su suegra, la reina Sofía, es recordada por su cortesía distante, como la que hoy demuestra su hijo, el rey Felipe VI. La reina Isabel II de Inglaterra nunca se quita los guantes en los actos públicos para saludar. La reina Letizia no está de acuerdo con la idea de que un trato distante es un gesto respetuoso propio de las personas con poder. La formalidad que podría salvarla de situaciones incómodas es una máscara fría que la reina prefiere no utilizar. Ser más expresiva que su suegra no la ha vuelto más popular ni más carismática. Hay en ella tantos gestos de vanidad como de solidaridad. A la reina se le exige una conducta que sirva de ejemplo tanto a los ciudadanos como a sus dos hijas.

Cada día la princesa Leonor y la infanta Sofía desayunan con su madre, asisten al mismo colegio Santa María de los Rosales donde Felipe VI estudió, y en los actos oficiales la reina las reprende con el dedo en alto cuando no guardan silencio o no juntan las piernas al tomar asiento.

La reina fue educada en la libertad de elegir lo que quería ser y debe criar a dos hijas que, igual que su marido, no tienen elección.

—La [Letizia] que yo conocí hubiese dicho: «¡¿Pero cómo marcarles el futuro a los niños?!» —me dice Henar Ortiz, la tía de la reina—. Y ahora le toca hacerlo. Debe de ser angustioso para ella.

Desde niño, Felipe VI sufrió tener que hablar en público.

Desde niña, la reina Letizia fantaseó con informar ante una cámara.

En una ocasión en Madrid defendió los derechos que a muchas mujeres se les niegan desde la infancia.

«No es lo mismo nacer en Kabul, en Sebastopol, en Yorkshire o en Madrid —dijo la reina en 2015 durante una entrega de premios de la revista *Woman*—, pero, al final, cada niña que nace en cualquier parte del mundo debería tener la posibilidad de elegir lo que desea en la vida.»

Hoy cada vez que expone a sus hijas en público, la reina lo pasa mal.

Un día de Navidad en Madrid, en la cabalgata de los reyes magos, al ver que una mujer fotografiaba a sus hijas, la reina cruzó la calle para pedirle que no usara la cámara. En otra ocasión, durante una fiesta infantil en el Real Club Puerta de Hierro de Madrid, uno de sus escoltas exigió a otra mujer que borrara las fotos que le había tomado a sus hijas sin pedirle permiso. En la misa de Pascua de 2018, al salir de la catedral de Mallorca, la reina se interpuso entre los fotógrafos y su suegra, la reina Sofía, que quería fotografiarse con sus nietas. La reina persiste en su intento de controlar la imagen de sus niñas, así sea la abuela y madre del rey Felipe VI quien quiere fotografiarse con ellas.

Henar Ortiz dice que su madre, la abuela de la reina Letizia, la locutora y actriz, suele hablar de sus bisnietas, la princesa Leonor y la infanta Sofía.

—¡Ay, pobres niñas! —le dice la abuela de la reina—. ¡Qué vida!

—Las niñas tienen que hacer cosas propias de su estatus —dice la tía—, y su madre está intentando evitarlo.

Hoy, la reina Letizia también prohíbe a sus parientes que lleven cámaras a su casa y que se tomen fotos con la princesa y la infanta.

—Tiene un conflicto con eso —insiste su tía—. Es una contradicción.

Por un tiempo Letizia Ortiz creyó que al casarse con Felipe de Borbón podría mantener a salvo su privacidad. Y mantuvo a sus hijas a salvo de los reflectores de la prensa todo el tiempo que pudo.

La infanta y la princesa solo aparecían en actos oficiales durante el tradicional veraneo de los reyes en Mallorca, en la misa de Pascua y en los actos en que se celebra la integración de los reinos de España y el descubrimiento de América. En 2015, como una excepción, aparecieron por primera vez en la postal de Navidad que envía la Casa Real a todos los medios de España.

Dos años después faltaron al colegio para asistir con sus padres a su primer acto político: la apertura de la legislatura en el Congreso de los Diputados. Las niñas debían darle la mano a trescientos cincuenta legisladores, pero más de una cuarta parte de ellos, diputados antimonárquicos, evitaron saludarlas. Vivieron su primer rechazo público y la reina no las pudo proteger.

Letizia Ortiz tenía la edad que tienen hoy sus hijas cuando el príncipe Felipe pasaba frente a su casa en Oviedo. Su hija Leonor, la princesa de Asturias, daría su primer discurso en la misma ciudad donde nació su madre y donde su padre enmudeció ante el público siendo un adolescente. Pero los reyes y el príncipe recorrían entonces España con apoyo popular.

Cuando Felipe de Borbón fue proclamado rey en 2014, cientos de manifestantes se reunieron en el centro de Madrid para corear la consigna «España, mañana, será republicana».

—El anterior rey fue designado por Franco y es justo que se haga un referéndum para saber si queremos una monarquía parlamentaria —me dijo una mujer de Zaragoza—. Que nos dejen elegir —insistió—. Estamos en democracia.

Un joven de Cádiz fue más imperativo.

—La jefatura del Estado no es un inmueble —me dijo—. No la puedes heredar solo por ser el hijo de un rey. Es una propiedad pública.

Ese mismo día, muy cerca del Congreso de los Diputados, donde el príncipe Felipe era proclamado rey, los jóvenes pedían la abolición de los privilegios y del sistema de castas que representa una monarquía ligada en su historia a la dictadura de Franco.

—Tenemos un índice de desempleo de los más altos de Europa, y el rey fue a matar elefantes a Botsuana —me dijo Francisco García Cediel, abogado de la Coordinadora Republicana en Madrid—. Viven en el boato y la riqueza. El príncipe es un señor que nunca ha hecho nada y tiene una casa de dos mil metros cuadrados.

La reina educa a dos hijas en las desconfianzas de una monarquía desprestigiada. Los escándalos de corrupción en la familia real y las noticias vergonzantes sobre Juan Carlos I les han restado simpatía y respeto. Hoy, los reyes buscan revalidar ante los españoles su símbolo y utilidad. La reina Letizia ya no encuentra el respaldo popular de cuando ella era princesa, menos aún el que tenía el príncipe cuando ella era una niña y lo veía pasar por la esquina de su casa. Su abuela paterna, la locutora y actriz popular en Oviedo que ha sido su ejemplo, hoy prefiere ser una mujer más reservada.

—Yo no tengo importancia —me dice al teléfono—. Soy una mujer solitaria.

La abuela de la reina estaba sola en la aldea de Asturias donde vive.

—¿Y qué hace allí?

—Escribo.

María del Carmen Álvarez del Valle escribe aforismos, ensayos, lee poesía.

Como su abuela, Letizia siempre escribió.

—¿Sigue usted escribiendo? —pregunté a la reina antes de despedirnos.

En el Senado de España y rodeada de niños, la reina dudó antes de responder.

—Eso no se puede saber —me dijo.

De presentadora de televisión a reina de la elegancia

En el invierno de 2016, la reina Letizia presidió en Madrid un concurso internacional de monólogos humorísticos sobre ciencia. Al día siguiente los protagonistas en la prensa fueron el top azul de seda Nina Ricci que la reina había vestido y su bolso *box bag* con figuras romboidales. Gracias a su *look*, muchos lectores se enteraron de que existía ese concurso de monólogos científicos y de que la ganadora fue una bióloga gallega que disertó sobre el sistema de organización de las hormigas. En esa sociedad de insectos, la hormiga reina es una obrera que se impone por su fuerza hasta convertirse en la única hembra capaz de procrear y, por eso, en la más importante de su comunidad. En el sistema monárquico, las reinas consortes han tenido siempre como primera misión dar un heredero al rey. La reina Letizia es una madre de dos hijas que ha sido una figura de la televisión y hoy los periodistas comentan de ella sobre todo su apariencia. Como era de esperar, después del concurso de monólogos científicos los titulares hablaban menos del ingenio de la ganadora que de la creatividad del guardarropa de la reina: decían que las figuras geométricas de su bolso eran un guiño a las matemáticas.

Las matemáticas revelan que cada año la reina preside

menos de la mitad de actos que Felipe VI y pronuncia un tercio de los discursos que dice su marido. Pero los medios de comunicación le prestan a ella casi el doble de atención que al rey.

Cuando Felipe de Borbón ocupó el trono de España, el diario *The Telegraph* ilustró la noticia con una foto de la reina con el mentón en alto, los hombros descubiertos y el cuello erguido, como si fuera ella y no su esposo quien sucedía a Juan Carlos I. Ese mismo día, *Daily Mail* nombró a Letizia «la reina más glamurosa». *Glamour* es el nombre de una revista pensada para mujeres, pero también la palabra que usamos por pereza cuando elogiamos a alguien elegante, enigmático, seductor. Ser un enigma exigiría silencio. Una virtud que desafina con el pasado y el presente altisonantes de la reina Letizia.

Dos años después de ser proclamado rey, Felipe VI inauguró con un discurso la legislatura en el Congreso de los Diputados, pero el personaje *trending topic* de ese acto político no fue el rey; la prensa y los usuarios de redes sociales hablaban sobre todo del «vestido-abrigo en *tweed* y *crepé* de lana turquesa» que Letizia llevaba puesto y de los pendientes a juego de cuarzo y rubí. Hasta el siglo XX, la monarquía ha sido en Europa un asunto masculino, en el que el rey negociaba entre diplomáticos e iba a la guerra. En España, la reina Sofía fue una soberana discreta, a la sombra de Juan Carlos I. En 2016, *El País,* un diario que históricamente ha apoyado a la monarquía, le pedía al Gobierno que le diera más protagonismo a Felipe VI y advertía del «riesgo de irrelevancia del papel del rey». De la reina Letizia, en cambio, se han publicado más libros sobre su vida que de cualquier otro miembro de la familia real.

En 2017 la reina viajó a Reino Unido con Felipe VI y *The Times,* el tradicional diario conservador, publicó una foto suya en portada para ilustrar la noticia de ese viaje. La revista del corazón *People* tituló: «It's tiara time!». Es tiempo de coronas.

La popularidad de la monarquía hoy no se sostiene en la palabra ni en su poder político, sino en su propia imagen.

—Siempre necesitamos más espacio para la prensa cuando está la reina —me dijo el director adjunto de Comunicación de la Casa Real—. Pero no es porque a ella se le dé más importancia que al rey. Es porque la reina está más sometida a estas cuestiones estéticas.

Una fotógrafa de la revista *Diez minutos,* el semanario del corazón con más de un millón de lectores, fue más directa.

—Si Felipe está solo —me dijo la fotógrafa—, el acto no nos interesa. Lo único que nos importa es que se la vea a ella. Su bolso, su ropa. Nada más.

Cuando era presentadora de televisión, a Letizia Ortiz sus compañeros la definían por su vehemencia y la llamaban «Ambición Rubia». Hoy la prensa la persigue más por su apariencia que por su carácter y función social. La especialista en asuntos reales del diario *El País* dijo que la reina era un «icono de estilo y modernidad». El corresponsal en España de la BBC la definió como «moderna y sencilla». La revista *Vogue* publicó en 2017 un artículo titulado «Cuando Doña Letizia se quita la gabardina, ocurren cosas (de moda) maravillosas». Al menos ocurrían cosas inéditas.

—No soy nadie —dijo Letizia en 2010 a reporteros de la edición española de *Vanity Fair*—. El importante aquí es Felipe.

Tres años después, la edición estadounidense de *Vanity Fair* la eligió como la mujer pública más elegante del mundo. En 2015 estuvo entre las diez más elegantes del mismo ránking. Y en 2017 volvió a ser una de las diez mujeres mejor vestidas. Era la primera vez que una reina de España aparecía en un ranking mundial de la vanidad de una de las *smart magazines* más icónicas de las últimas décadas, donde la política se mezcla con el espectáculo.

—Letizia traspasa los límites —dijo sobre la reina Jaime Peñafiel, uno de sus críticos con más seguidores—. Ella debe estar acompañando al rey —se quejó—. Ella no es el jefe del Estado.

El exceso de notoriedad de una reina sin obligaciones de Estado puede ser visto como una banalidad. Matías Rodríguez, un gerente de relaciones públicas que conoce a Letizia desde que era presentadora de televisión, le quitó importancia al interés que ella pone en su aspecto.

—Lo que le interesa es ir correcta —dijo Rodríguez a *Vanity Fair*—. No busca ni la tendencia ni la elegancia.

Cada vez que la reina se presenta en público, las razones de su producción exceden la vanidad personal. «Es prisionera de su imagen —publicó Mábel Galaz, la cronista de asuntos monárquicos de *El País*—. No solo pregunta [a sus asistentes] por los detalles de su agenda, pregunta también cuánto tiempo tendrá para cambiarse de ropa.» La reina se interesa tanto por los pormenores de un acto como por su apariencia.

En 2014 recibió con Felipe VI por primera vez en un acto oficial al colectivo de gais, lesbianas y transexuales de España. Pero la reina tuvo más repercusión mediática cuando decidió cortar su melena a la altura de la nuca y Wikipedia quintuplicó sus visitas en el artículo «Corte Bob». «Letizia ha comprobado que logra más titulares cuando se corta el pelo que cuando recibe junto al Rey a una delegación de gais y lesbianas en el palacio de El Pardo», dijo Galaz en *El País*. Miles de personas estuvieron más interesadas en saber sobre el peinado de la reina que en un acto histórico de reivindicación de género.

El estilismo ha sido siempre un arma diplomática en los círculos de poder. En el siglo XVI, reyes como Carlos I de España, Francisco I de Francia y Enrique VIII de Inglaterra rivalizaban en el campo de batalla y en las estridencias de sus pelucas, zapatos y trajes bordados en oro. La moda imperante la imponen quienes dominan y los jefes de Estado se esforzaban por destacar. Mao, Stalin y Hitler hicieron del vestuario en el siglo XX un mensaje y una marca institucional. Juan Carlos I fue protagonista en España con sus trajes clásicos y su uniforme del Ejército. En 2017 la revista de tendencias para hombres *GQ* se preguntaba «¿Por qué nadie habla del *look* de Felipe VI?». «En las portadas solo aparece Letizia», reclamaron. «Si la moda es un espejo —dijeron—, el suyo es opaco.» A Felipe de Borbón lo ha vestido siempre el mismo sastre madrileño que vistió a su padre. Pero es la reina quien opina con su aspecto.

En el verano de 2017, cuando se extendía en España la precariedad laboral, la cronista de moda del diario británico *The Telegraph* publicó que la reina era una mujer «hábil», porque «supo reflejar con su estilo la situación económica de su país», y dijo: «Conoce bien el arte de repetir ropa». Un prejuicio de las mujeres con roperos abundantes es que está prohibido repetir vestido. Letizia parece estar en desacuerdo. Es una soberana con dos hijas que sabe repetir su ropa sin dejar de seducir.

Ese mismo año presidió con Felipe VI la postulación de Las Palmas de Gran Canaria como Patrimonio Mundial ante la UNESCO, y las noticias más leídas sobre el viaje oficial decían que el vestido que la reina llevaba puesto lo había usado antes en un acto en Nueva York, en una audiencia en Oviedo y en una conferencia en Oporto. Era un modelo blanco con mangas largas y estampado de jazmines de Carolina Herrera, cuyo precio rondaba los cinco mil euros. Las noticias que hablaban del discurso del monarca no fueron las más visitadas. Pero el vestido de la reina era tendencia.

La popularidad de las noticias sobre la Casa Real depende más de la ropa que la reina lleva puesta que de su función política. El diario *20 Minutos* tiene una sección destinada a su estilismo cuyo título es «El ropero de Letizia». En 2016 un cronista de *El País* tituló: «El armario de Letizia, cuestión de Estado».

—La función de la monarquía hoy es una cuestión femenina —me dice Tom Burns Marañón, autor de dos libros sobre Juan Carlos I—. Los reyes antes ganaban el trono en el campo de batalla, dirigían ejércitos y deshacían gobiernos. Pero, en cuanto su función militar y política acabó, en la monarquía parlamentaria el rey debe buscar otro rol.

El historiador británico Peter Conradi lo explica de otra manera. «El poder político de las monarquías se ha diluido, y hoy a los reyes solo les dejan presidir actos como la ceremonia de los Premios Nobel», dice Conradi en su libro *The great survivors*, donde se interroga sobre cómo hizo el sistema de gobierno más antiguo del mundo para reinventarse y sobrevivir hasta nuestros días.

En la Casa Real de España la reina Letizia mantiene altos los índices de popularidad. En el resto de Europa el mayor atractivo de los hombres de la realeza también son sus propias esposas. Máxima de Holanda ha sido una economista exitosa y cuando viajó a Francia en 2017 en visita oficial las revistas obviaron las cuestiones de Estado y calcularon que los modelos de Max Mara, Uterqüe y Jimmy Choo que llevaba en su maleta costaban diez mil ochocientos euros. Mary de Dinamarca era una ejecutiva inmobiliaria y hoy protagoniza el libro *Mary. Una princesa con estilo,* que tiene como fuentes principales a su estilista y a su peluquero. Kate Middleton fue una estudiante de Historia del Arte que iba con poco maquillaje y, al convertirse en duquesa de Cambridge, la eligieron dos veces como icono de la belleza en una encuesta hecha por un fabricante de cosméticos. Mette Marit de Noruega era una camarera habituada a vestir con sencillez y se la ha criticado por presidir un congreso de psicología con un desabrido traje gris. Sus críticos dijeron que su estilo era «rancio».

Suzy Menkes, editora de la revista *Vogue online,* se disgustó cuando Felipe VI fue proclamado rey y la prensa solo mencionó de la reina Letizia el vestido que llevaba puesto, un modelo blanco entallado y bordado con cristales de rubí.

La mayoría de las crónicas omitió recordar que la nueva reina era una mujer con carácter, capaz de ir a la guerra de Irak cuando era reportera de televisión, de viajar a México para cursar un máster y quedarse a trabajar en un diario, de divorciarse de su primer esposo y volver a empezar, de ganar un premio que entrega la Asociación de Prensa de Madrid al mejor periodista menor de treinta años y de comprar su primer apartamento antes de haber recibido ese premio. Ella ingresó como presentadora de noticias en CNN+ con un sueldo de treinta y dos mil euros anuales y ganaba el doble en Televisión Española cinco años después. La reina que hoy luce como una modelo supo duplicar sus ingresos gracias a la elocuencia y seguridad con las que hablaba ante las cámaras de televisión.

«Me entraron ganas de llorar —dijo Menkes sobre los elogios al vestido y no al carácter de la reina durante la proclamación de Felipe VI—. Sentí el mismo disgusto que siento por toda esta generación de princesas escogidas por amor y no por su sangre azul. Son inteligentes y listas. Aunque finalmente destinadas a parecer poco más que perchas.»

Cuando en el mundo existen diez países con mujeres presidentas y seis con primeras ministras, a Menkes le indigna que el piropo «reina» o «princesa» evoque un estatus ornamental.

Las mujeres públicas siempre han puesto su elegancia al servicio de una causa. Eva Perón militó en Argentina a favor del voto femenino y fue «la Abanderada de los Humildes» vestida por Christian Dior. «Los pobres —se justificó Evita— no quieren que los proteja una persona vieja y desaliñada.» Jackie Kennedy sofisticó la Casa Blanca con su aire de madre moderna y lejos de convertirse en una *mujer florero* fue un icono de la moda con su figura delgada y trajes de Chanel. Margaret Thatcher fue la primera mujer que ocupó el cargo de primera ministra en Reino Unido y, sin dejar de ser «la Dama de Hierro», puso de moda el estridente «azul Thatcher» y protagonizó dos veces la portada de *Vogue*.

Letizia Ortiz también era astuta. Cuando conoció a Felipe de Borbón, se sabía lo suficientemente guapa y elocuente como para estar segura de que su público la seguía viendo luego de apagar el televisor.

Anna Wintour, la legendaria editora de *Vogue*, ve a la reina de manera menos reivindicativa y más estratégica.

—Aquí quizás se debería hablar con la reina para que ponga de verdad su sello —dijo la editora al diario *El País*.

Había llegado a Madrid para dar unas charlas a diseñadores jóvenes y sugería que la reina se comprometiera más con la industria del diseño.

—Esto es un negocio —advirtió Wintour.

La editora de *Vogue* no era la única que conocía el valor comercial de la reina. La cronista Vanessa Friedman lo había advertido en *The New York Times*. «Ella es una bonanza de marketing para el mercado de masas —dijo Friedman—, y también para el sector de la indumentaria de alta calidad.»

Miles de mujeres le darían la razón. Una mañana, tiempo después, la reina apareció en un acto público con un vestido de saldo y, al día siguiente, ese mismo vestido se agotó. Era un modelo estampado de Zara que costaba menos de treinta euros. La reina, se ponga lo que se ponga, sea una baratija o un modelo lujoso, hace que las mujeres corran a comprarlo. No fue la única ocasión; cuando la reina viste modelos de Mango, Uterqüe o Massimo Dutti, esas prendas desaparecen de las tiendas.

La realeza ha marcado siempre un patrón de estilo asociado al lujo y la exclusividad. En Reino Unido, cuna de la Royal Society y el estilo victoriano, hay whiskies y perfumes que llevan el sello «Royal Appointment» como garantía de sofisticación. En España hubo vinos, ropas y hasta pianos que, por más de trescientos años, llevaron la etiqueta «Proveedor de la Casa Real». Es un patrocinio a la excelencia que las casas reales siempre han practicado.

La reina Letizia, por su origen plebeyo, no solo produjo un espejismo de ascenso social. Elevó la reputación de lo barato y la variedad de su guardarropa se ha convertido en la extensión del de otras mujeres. Con un vestido de Zara a precio de saldo, cualquier mujer puede lucir como ella, y, gracias a estos gestos, crea la ilusión de ser más próxima que inalcanzable.

Hoy los actos oficiales a los que la reina asiste son una pasarela de moda y Letizia una *influencer* que marca tendencia en las revistas de peluquería.

Desde una risita intelectual, un salón de belleza es un templo de la banalidad. En cambio, desde la experiencia masiva de hombres y mujeres, es el lugar donde mirarnos al espejo en compañía de otra gente; es una rutina necesaria, urgente, para construir la imagen que queremos de nosotros mismos.

La reina es, para los analistas políticos, la figura más visible del tránsito de una cultura política que se mudó hacia la cultura de la moda y el espectáculo. Para las revistas de peluquería, sigue siendo la joven que se mudó de un bloque de apartamentos de Oviedo para ser presentadora de televisión en Madrid y luego princesa y reina de España. Lévi-Strauss decía que todo cambio de latitud representa un salto en la escala social. La reina Letizia con su actitud provocadora, además de con sus vestidos, nos recuerda que el piropo «reina» también existe porque en cualquier salón de belleza, para millones de mujeres, ella es un espejo improbable donde quieren mirarse.

La belleza, decía Oscar Wilde, es muy superior al genio porque no necesita explicación. Entre las soberanas de España no parece muy útil la tesis de Wilde. En su tiempo, las reinas no han sido calificadas como mujeres especialmente bellas, delicadas ni elegantes. De la reina Bárbara de Braganza, hija de Juan V de Portugal, su propio padre dijo: «Siento que haya de salir de mi reino cosa tan fea». De la reina Isabel II, los cronistas del siglo XIX criticaron el «herpes en sus manos» y su «cuerpo rollizo», pero elogiaron su carácter «echao p'alante» y su «encantadora arrogancia». De las reinas se ha valorado más su temperamento y simpatía que su apariencia. Mercedes de Orleans, una de las reinas de España más queridas, era bajita y de cabeza grande. Ni sofisticada ni elegante. Pero los cronistas de su época elogiaron su «gracia gentil». La llamaron «Carita de Cielo».

Cuando Letizia Ortiz conoció a Felipe de Borbón, en el Archivo Histórico Nacional solo figuraban siete reinas elogiadas por su apariencia. En quinientos años de historia, solo a un cuarto de las reinas que antecedieron a Letizia se las consideró guapísimas. Pero su apariencia no las hizo menos desdichadas ni más respetables. La elegancia y belleza no han sido para las reinas garantías de popularidad.

Victoria Eugenia de Battenberg, bisabuela de Felipe VI, fue para los españoles «la reina más bonita de Europa». Era alta, rubia y esbelta y la apodaron «la Reina Guapa». Pero la criticaron por fumar en público, vestir trajes de baño y contagiar su desenfado a otras mujeres de Madrid. En tiempos en que las reinas debían ser esposas sumisas, una reina bella y audaz era una amenaza. De María Cristina de Borbón dijeron que era «guapa a rabiar», pero tras la muerte de su marido, el rey Fernando VII, no le perdonaron que se casara con un oficial del Ejército y tuviera ocho hijos con él. Desde entonces la llamaron «la Insaciable Folladora».

Cuando el destino del país dependía del rey, una reina, por más bella que fuera, no debía desafiar la autoridad del monarca. De Isabel de Borbón elogiaron su «rostro simétrico y labios finos que acentuaban su arrogancia», pero advirtieron que su encanto no retuvo a su marido: el rey Felipe IV, acusado de ser adicto al sexo y padre de treinta hijos bastardos. Otra reina bella y desdichada fue María Josefa Amalia de Sajonia, la de los «grandes ojos azules, nariz pequeña y boca bien dibujada». De ella se decía que, al ser infeliz como tercera esposa del rey Fernando VII, «era más triste que un sauce». De María Luisa de Saboya, casada con Felipe V, su esposo dijo: «Es hermosa a rabiar y cuando está triste lo es más». La belleza de las reinas no disimulaba su frustración.

Las reinas de España, aunque hayan sido notables, fueron retratadas como señoras débiles en sus grandezas. En el siglo XIX, María Victoria del Pozzo seducía con su «tez nacarada y ojos azules» y la llamaron «Rosa de Turín», pero después criticaron su «prematura decrepitud». Tres siglos antes, a Isabel de Portugal la habían elogiado por su «cuerpo esbelto, cabellera rubia y carácter airoso», pero su cuadro más conocido en el Museo del Prado también es el más dramático. La reina yace en un ataúd con el cuerpo descompuesto.

En cinco siglos de historia, el aura mística de las reinas ha sido mermada con relatos de miseria terrenal. En el siglo XIX, la reina más carismática y bella de Europa era española, pero nunca reinó en su país. Eugenia de Montijo, nacida en Granada, se casó con Napoleón III y no solo fue una *influencer* que expandió su *sex appeal* con vestidos de encajes y transparencias. Fue tres veces regente del Imperio y la persona más condecorada de Francia. En una sociedad posrevolucionaria y sensible a la belleza, la elegancia y el carisma femeninos eran todo un estilo, pero no llegaban a Madrid.

Las reinas de España han sido silenciadas cuando quisieron destacar.

La reina Sofía fue cautelosa.

—Si te banalizas, si estás siempre en el mercadillo, antes o después, te pisan —dijo en el libro de Pilar Urbano *La reina muy de cerca*—. Si te vas al extremo y te haces altivo y pomposo, acabas siendo odioso. Hay que coger el punto.

Para la reina Sofía, lo más conveniente es no llamar la atención.

—No vestimos a la persona —advirtió—, sino a lo que esa persona representa.

La reina Sofía, hija de reyes, representa la Corona más austera y conservadora de Europa.

Letizia Ortiz, hija y nieta de periodistas, representa el papel de una reina cuyo destino no era aburrir a todo un país.

Antes de casarse con Felipe de Borbón, la reina era una atractiva presentadora de telediarios más ocupada en su elocuencia y pulcritud que en su vanidad. La belleza no era tanto para ella un estado natural, sino la búsqueda de un carácter seductor que también despertara respeto y seriedad. Cuando anunció su compromiso con el príncipe, debía convertirse en una versión renovada de sí misma. Debía ser otra mujer ante el mismo público que la veía presentar malas noticias en televisión.

—Estaba horrorizada con su barbilla y su nariz —recuerda la cosmetóloga Carmen Navarro—. Pero lo que más le obsesionaba eran unas manchas debajo de los ojos producidas por el sol.

Letizia Ortiz quería lucir perfecta y creía que su nariz aguileña y su barbilla prominente, como la de un faraón, le daban aspecto de bruja.

Su cosmetóloga la recibía con tratamientos para mejorar su piel: exfoliación de células muertas, masajes faciales y radiofrecuencia para reafirmar los pómulos. Letizia Ortiz iba al centro de belleza los jueves y ocupaba siempre la misma sala: una con velas aromáticas, la estatua de Buda y un cartel en la puerta con el nombre «Zen».

Era un lugar para estar en paz. Pero Letizia no podía relajarse.

La cosmetóloga la recuerda tumbada en la camilla y preguntando por teléfono a sus custodios si había *paparazzi* afuera.

Letizia se iba transformando en la princesa que ella quería ser.

—El problema es que ella es muy delgada —se lamenta Navarro—, y si el tejido es muy fino no lo puedes estirar. Yo le aconsejé rellenarse la cara.

Rellenarse la cara es estirar las arrugas con ácido hialurónico y botox.

Letizia recibió el consejo de su cosmetóloga y dejó de visitarla.

Meses después la Casa Real consideró oportuna una justificación. «Tras estudiar su caso», decía un comunicado real, los médicos de la Zarzuela consideraron que «la Princesa se encontraría mucho mejor si eliminaba las molestias respiratorias provocadas por la desviación del tabique nasal». Letizia no tenía tiempo para tumbarse ante Buda y se operó la nariz. Quería eliminar molestias respiratorias, pero también mejorar su perfil.

—Decía que jamás se operaría —recuerda Navarro—. Pero cambió la actitud.

Hoy su cosmetóloga dice que la reina «está bellísima», pero cree que ha traicionado una promesa de autenticidad.

La cosmetóloga se equivoca. Letizia creció pensando que una es más auténtica cuanto más se parece a lo que ha soñado de sí misma.

La cirugía plástica es un tópico entre las mujeres de la realeza. De la reina Sofía se sabe que acudió al quirófano para mantener los rasgos con los que se la reconoce, y su madre, la reina Federica, murió a causa de una reacción a la anestesia después de una operación de párpados. Las arrugas en los rostros de la monarquía siempre han sido tratadas según la jerarquía en la escalera de sucesión. Boris Izaguirre, *showman* televisivo y escritor, lo recordó en una columna de *El País*. «Resulta más fácil cambiar de cara cuando eres princesa que cuando eres infanta —ensayó—. Si las infantas se operaran el rostro, traicionarían los rasgos que les ofrecen abolengo y tradición. Letizia no tiene ese peso.» El peso de la futura reina no era el de una crisis de identidad. Antes las reinas heredaban los rasgos de la endogamia y los matrimonios concertados.

Sin rasgos de abolengo que mantener, Letizia Ortiz no solo podía perfeccionar su cutis, podía cambiarlo. Hoy el rostro de Letizia es similar al de otra reina: Rania de Jordania, la esposa del rey Abdalá II: pómulos alzados, ojos grandes sobre una barbilla redondeada y nariz recta. Su singularidad aguileña mutó en una belleza simétrica y estandarizada.

La reina no buscó ser original. La moda exige simetría y no envejecer. Pero la prensa vio en ella un exceso de vanidad. La revista *Lecturas*, un semanario del corazón con más de un millón de lectores, le recriminó haberse operado también el mentón, los pómulos y los pechos, y dijo que su cambio de apariencia le había costado cuarenta mil euros. El diario *El Mundo* fue más ofensivo y la comparó con Michael Jackson. «Está más joven —dijeron—, pero no necesariamente más favorecida.» Entre las reinas bellas de España que han sido agraviadas por destacar, la reina Letizia no es una excepción.

En 2017 un reportero del *Daily Mail* se sorprendió al ver su físico fibrado y tituló «Una monarca muy musculosa». En cambio la prensa de su país vio en su cuerpo de corredora de fondo una evidencia de debilidad. El diario *20 Minutos* se preguntó en una portada «¿Cuánto pesa Letizia?». El diario *El Español,* no dudó: «La delgadez de Letizia, debate nacional: de la talla 38 a la 34». Mientras en el Palacio de la Zarzuela la llamaban «Jefa», algunos diarios de España hablaban de una reina menguante. Las críticas hacia ella apuntaban a su nariz, pero también a su delgadez.

El jefe de prensa de la Casa Real tuvo que enviar al diario *El Mundo* un comunicado diciendo que Letizia no padecía anorexia: otro tópico entre modelos, bailarinas y mujeres de la realeza. La princesa Victoria de Suecia contó en un documental haber sufrido esa enfermedad. Igual que Diana de Gales, quien además padeció bulimia desde que se comprometió con el príncipe Carlos. Hoy las adolescentes con trastornos alimenticios posan como modelos en foros de Internet y usan el apelativo «princesa» para halagarse entre ellas cuanto más flacas están. La prensa le diagnosticaba un desequilibrio ligado a la baja autoestima y la inseguridad a una reina que esculpió su cuerpo en los rigores del ballet.

Una tarde Marisa Fanjul, su profesora de danza en Oviedo, me enseñó fotos en las que Letizia aparece de niña bailando el *Réquiem* de Mozart, *El lago de los cisnes* y la obra *Cabaret*. Eran sus primeras presentaciones en público y también su primer contacto con una disciplina de orígenes monárquicos.

—Letizia no era la bailarina perfecta —me dijo Fanjul—. Pero con su elegancia mejoró notablemente el panorama de la realeza. ¡Es una reina modelo! —exclamó—. La reina Sofía y las infantas caminaban como patos.

La mudanza del canal de televisión a la Casa Real fue para Letizia Ortiz una lección acelerada de estética y nutrición, pero también de discreción. La reina tenía que cambiar desde el color de su lápiz de labios —criticado por ser «rosa chicle»— hasta su dieta macrobiótica de ensaladas, pescado fresco y zumo de zanahorias, que la mantenía delgada como una bailarina de ballet. No era suficiente que supiera caminar con la espalda recta, los hombros erguidos, el mentón en alto. Le exigían armonía por su rango, su apariencia y su actitud.

La apariencia de una reina siempre oculta un mensaje.

Años antes, cuando aún era princesa, el rey Juan Carlos I la había visto gesticular con sus manos en un acto y se alarmó. Mover las manos en público puede ser leído como un gesto ampuloso o de ansiedad.

Letizia era entonces la joven elocuente que no se privaba de opinar en público.

—Agitaba las manos queriendo transmitir —recordó en una entrevista Alfredo Urdaci, su último jefe en la televisión pública de España—. Yo la corregía para que se moviera menos —dijo—. Ella era así.

Juan Carlos I también quería que su nuera aprenda a estarse quieta.

—Por favor —le dijo el rey a un asistente en el acto en que ella no paraba de moverse—: ¡dele un bolso a esa mujer!

En un cargo que exige mesura y discreción, a Letizia le costaba ocultar sus opiniones y también su carácter ansioso. Antes de ser vista como un maniquí por el negocio de la moda, la reina había sido una mujer histriónica. Darle un bolso a la futura reina para que tuviese sus manos quietas fue un modo elegante de mandarla a callar.

Ser reina no solo consiste en sonreír en un acto oficial, en consolar ciudadanos cuando ocurre una tragedia, en crear la ilusión de que la familia real es una metáfora perfecta de la gran familia española. Letizia Ortiz tenía que aprender la diferencia entre seducir sin distraer a espectadores de noticias y encantar con la elegancia de una reina cuya misión es acompañar al rey.

Hoy la reina siempre es elegante, a veces hasta elegantona y sexy, pero también arrastra algo de muñeca impredecible que cada tanto deja a todos insatisfechos, incluso a quienes no les interesa la monarquía. En 2017 lució un vestido azul con los hombros descubiertos de la marca española Delpozo, y las revistas le recordaron que Michelle Obama y Melania Trump no se habían demorado tanto en reconocer la calidad de esa marca. Ese mismo año, el diario *El Español* le recriminó asistir con traje corto a la ópera en el Teatro Real de Madrid, donde las mujeres no enseñan las piernas. Los diseñadores de moda son gente aburrida que se apresura a renovar el deseo de millones de mujeres, y la reina que no siempre acata los protocolos a veces también llega tarde a la construcción del prestigio de un diseñador. La reina vive entre la tradición monárquica que le exige recato y la codicia de una industria que ve en ella a una *top model*.

—Letizia ha caído en una trampa —me dice Anna Caballé, autora del libro *El feminismo en España*—. Nunca una reina ha estado tan sometida a su propia imagen, y ser esclava de la imagen causa un daño psicológico terrible. A una mujer, la puede destrozar.

La reina es para Caballé una *fashion victim*. Alguien que vive pendiente de la mirada de los demás y paga un precio altísimo por ser popular. Simone de Beauvoir lo había advertido en su libro *El segundo sexo*: «la mujer se muestra para ser, y por eso se somete a una dolorosa dependencia», dice. «Un halago la adula pero una crítica la arruina.» La reina puede ser una víctima de la millonaria industria de la moda y de prejuicios ajenos. Pero hay otra forma de verlo.

Tres expertos en marketing de las universidades de Harvard

(Estados Unidos), Bradford (Reino Unido) y Lund (Suecia) se preguntaron por qué una reina, como la reina Letizia, es más eficaz para vender un producto que una modelo publicitaria, y publicaron el ensayo *La monarquía como marca corporativa.*

Para los expertos, las casas reales funcionan como cualquier empresa comercial. Salvo por una diferencia: «las monarquías tienen activos que otras empresas no tienen». Cuando los expertos dicen «activos», se refieren a los reyes, un símbolo histórico emocional para la gente. Es un efecto publicitario que los psiquiatras llaman «identificación proyectiva»: cuando una mujer compra un vestido que lució la reina, compra la fantasía de ser parte de la realeza. Los diseñadores de moda, más creativos, le dicen «efecto Letizia».

En 2007 ella estrenó tacones con plataforma para aumentar su estatura y el diario *El Mundo* los llamó «Letizios», tratando su nombre propio como marca. De una modelo publicitaria que no es una celebridad nadie recuerda su nombre. Cuando la reina estrena zapatos, ella luce más elegante, y su calzado, aunque su precio sea bajo, también eleva su valor. La relación de las reinas con la gente, más que estética, es emocional. No importa lo que la reina vista, solo importa que lo lleve ella.

Hoy las misiones comerciales de Letizia podrían ser dos: promocionar empresas privadas y representar a su país. Aunque los autores de *La monarquía como marca corporativa* dicen que se debería hablar de cuatro: publicitar marcas que merecen el sello de la Corona por su buena calidad; promocionar playas, palacios, museos, estaciones de esquí que atraigan al turismo, y conseguir con diplomacia que empresarios extranjeros se interesen por España. «Los reyes —dicen los expertos— deben satisfacer las demandas de todos sus accionistas.» La reina y Felipe VI cumplen con frecuencia dos o tres misiones comerciales en cada acto. Pero sobre todo cumplen la cuarta misión, la de promocionar su propia marca, cuyo logo es el escudo del rey.

En una ocasión, Letizia viajó a Barcelona para celebrar el centenario de una compañía de perfumes. Faltaban tres meses para que a Felipe de Borbón lo proclamaran rey y al presidente de esa empresa se lo notaba contento. En Barcelona, la pareja real iba a inaugurar un edificio de veintitrés plantas, diseñado por Rafael Moneo, que sería la nueva sede de la perfumería. Pregunté al presidente de la empresa cómo consiguió que los príncipes asistieran al cumpleaños. Marc Puig, quien también era dueño de Paco Rabanne y accionista de Hermès, me dijo que durante veinticinco años su compañía patrocinó en Palma de Mallorca la regata Copa del Rey. Una competición de veleros que es la más importante del Mediterráneo, en la que Felipe VI y Juan Carlos I se exhiben regateando con gafas de sol ante la prensa internacional.

Esa mañana en Barcelona, la reina no solo iba a felicitar a una empresa que cumplía cien años haciendo perfumes, también respondía a un compromiso heredado de su suegro, que es adicto a la navegación a vela. En su discurso de agradecimiento, Marc Puig recordó que el rey Juan Carlos I le dijo que entendía su proyecto de empresa familiar, «porque él también representa una institución que funciona como una empresa familiar». La visita de Letizia y Felipe de Borbón a la compañía de perfumes era un canje de publicidad exclusivo para empresarios que consienten al rey.

A veces la elegancia de la reina nos hace olvidar todo lo demás.

Ese día en Barcelona fotografiaron a Letizia frente al emporio de las fragancias con una falda que se alzaba con el viento como la vela de un barco. *¡Hola!* tituló: «Las faldas de altos vueltos de la princesa Letizia». Era la estrella de un *spot* publicitario que renovaba una antigua relación de su suegro. Pero sus piernas fueron el fetiche de la prensa. La reina tuvo que aceptar ser la heredera de una lealtad que sirve de altavoz a los amigos del rey. Cada acto tiene un mensaje político y un compromiso comercial. Hoy el fetiche de la reina son los diseños de Carolina Herrera, una marca que el mismo empresario perfumero vende en España.

El marketing nunca fue un misterio para Letizia Ortiz. Como hija y nieta de periodistas, creció en estudios de radio y periódicos que vivían de la publicidad. Como presentadora de noticias, supo vender su elocuencia frente a una cámara de televisión. Sus suegros también fueron exitosos publicistas de sí mismos. Juan Carlos I y la reina Sofía popularizaron una Corona que había perdido tierras, palacios y prestigio durante el exilio de la familia Borbón. Hoy España es uno de los veinte países más ricos del mundo y, según las revistas *Forbes* y *Eurobusiness*, Juan Carlos I es una de las cuatrocientas personas más ricas de Europa. Aunque la riqueza de los reyes no es fácil de calcular.

Según la tradición no es relevante cuánto dinero tiene un rey. Las monedas llevan impresa la imagen del monarca y, por ello, el rey es el dinero. O al menos su rostro está acuñado en él. A la reina Letizia la han visto pagar en el cine y restaurantes de Madrid. De sus suegros se sabe que nunca llevan dinero en los bolsillos. Un rey tiene una gran fortuna, pero nadie le ve sacar su cartera. De Juan Carlos I dicen que no es como un hombre distraído que olvida el dinero y las llaves en su casa. José García Abad, autor de dos libros sobre el monarca, me dijo que el rey «se obsesionó con la construcción de una fortuna personal, y por eso ha caído en tentaciones y negocios». Las cuestiones financieras de la monarquía siempre han despertado en España sospechas y confusión.

Herman Matthijs, un académico belga de la Universidad de Gante y especialista en patrimonios reales de Europa, asegura que en España la contabilidad de la Casa Real es un enigma, y la administración de Juan Carlos I, una de las más opacas.

—Supongo que el rey es un millonario —dijo Matthijs en una entrevista—. Pero la pregunta es: ¿cuál es su verdadera riqueza?

Nadie sabe exactamente cuál es la herencia de Felipe VI.

La reina Letizia gana casi el doble de lo que fue su mejor sueldo cuando era periodista y es el personaje más mediático de la familia real. Una posición que ocupaba antes su suegro. Solo que a ella la prensa la ve como a una mujer austera cuando repite vestuario. Sobre Juan Carlos I, el periódico británico *The Times* dijo en 2007 que tenía «un lujoso estilo de vida y reputación de *playboy*», y que recibía un tratamiento que «ni la reina Isabel II podría haber imaginado». *The Times* también criticó que su Casa Real siguiera «ocultando» su presupuesto.

Mientras la prensa elogia la austeridad de la reina, Juan Carlos I nunca se privó de ostentar. No es un secreto que recibió dos Ferraris como obsequio del primer ministro de Emiratos Árabes, y un yate, llamado *Fortuna*, que fue un regalo de empresarios españoles y tiene un valor de dieciocho millones de euros. Antes había aceptado una moto Harley-Davidson que le regaló el magnate Malcolm Forbes y otros coches, como un Lancia Delta que le envió el fabricante desde Italia. El rey adora la velocidad, pero un obsequio de negocios siempre trae un mensaje oculto y, cuando es costoso, se entiende como soborno o compensación. En España es *vox populi* que el monarca recibió cien millones de dólares a cambio de influir en 1990 a favor de la invasión de Irak.

La Casa Real niega la presunta riqueza del monarca, aunque Corinna zu Sayn-Wittgenstein, la empresaria alemana que fue su amante, también denunció que el rey había cobrado comisiones por la construcción de un ferrocarril en Arabia Saudí, y dijo que la había utilizado, sin su consentimiento, como testaferro para blanquear capitales. El mundo monárquico donde Letizia entró era como una mala película con negocios sucios y un romance interesado que todos querían ver. Desde que abdicó, Juan Carlos I solo fue más mediático que su nuera en esos días en que lo acusaban de traficar influencias, estafar a su novia y lavar dinero. En la Constitución de España, el rey es irresponsable ante la ley. Es decir: no puede ser juzgado por sus actos y, frente a esa impunidad, la condena mediática era una forma de justicia y de confirmar como ficción su obligada superioridad moral. El padre de Felipe VI había ocultado a Corinna zu Sayn-Wittgenstein en un chalé para visitantes cerca del Palacio de la Zarzuela. Años después, ella lo acusaba de ocultar dinero negro en bancos de Suiza.

Los trapos sucios de la monarquía despiertan un morbo parecido al de quien de súbito en la calle se tropieza con un muerto que no es suyo ni del vecino. Como si la monarquía fuese un difunto remoto pero irresistible a nuestra indiferencia, nos asomamos al mundo de la realeza como a un cadáver bien vestido. La elegancia de la reina actúa como una distracción textil que camufla los negocios de algunos miembros de la Corona y ella se exhibe como quien no tiene nada que ocultar. Los reyes proclaman transparencia y una nueva austeridad. Es cierto que, a diferencia de su padre, Felipe VI hizo públicas las cuentas de la Corona y prohibió a su familia aceptar regalos costosos como los que recibía su papá, una tradición conveniente, tan bienvenida como sospechosa, en el código universal de la cortesía. Ellos han recibido rifles, bolsos, relojes, cojines, pañuelos, libros y hasta una daga árabe, obsequios que son más una ofrenda que un valor material. Sin embargo, David Rocasolano, el primo de la reina, tiene una idea menos ilusa de la austeridad de los nuevos reyes.

—Yo empecé a grabar [conversaciones entre Letizia y Felipe de Borbón] cuando vi ciertas cosas que tienen que ver con temas económicos —me contó al teléfono—. Y me dije a mí mismo: esto es peligroso.

La reina pasó de ser la prima cómplice, la amiga extrovertida, la periodista elocuente, a vivir en ese mundo aristocrático, excluyente y aéreo que despierta una curiosidad impiadosa en los peatones. Rocasolano, cómplice de Letizia desde la adolescencia, lo siguió siendo por más de cinco años mientras ella era princesa. Tras la ruptura familiar, el primo se unió a quienes ven a la monarquía como un muerto que no admite piedad. Cuando publicó su libro *Adiós, Princesa*, circuló la imagen de una Letizia déspota con su familia y la de una princesa con un aborto.

Le pregunté si no se arrepentía de exhibir la intimidad de Letizia.

—Para mí ya no es mi prima —me dijo Rocasolano—. Si mañana sale en los periódicos que la reina falleció, me es indiferente.

Todos los días nos llegan noticias de la monarquía que no hemos pedido, como obituarios de nombres que vienen desde el más allá.

El dinero en negro en la Casa del Rey, según el primo de la reina, no es asunto del pasado ni exclusivo de Juan Carlos I. Es parte de la normalidad, un goteo frecuente de empresas privadas que entran en la casa de la familia Borbón. David Rocasolano asesoró a Letizia como abogado durante más de diez años y dice que también lo hizo con el príncipe Felipe. El primo de la reina hablaba con la naturalidad de quien recita de memoria la lista del supermercado, o como si su rutina fuera desmentir la imagen de transparencia que Letizia y Felipe VI quieren mostrar. Como si los reyes fueran parte de la misma corrupción que en los últimos años manchó a la Corona.

Iñaki Urdangarin, cuñado de Felipe VI, fue condenado en 2018 por fraude y delito fiscal, y declaró que la Casa Real estaba al corriente de sus negocios.

El primo de la reina me dijo que Urdangarin no mentía.

—Iñaki no ha hecho más que repetir lo que hacen los demás —me aseguró.

En el melodrama monárquico, el cuñado de Felipe VI se comportó con la ambición propia del balonmanista olímpico que fue. Pero lo pillaron cometiendo una infracción.

El príncipe Felipe, según Rocasolano, fue más precavido que su cuñado. Aunque confió en un desconocido. El primo de la reina dice que él guarda comprobantes de cuentas bancarias de Letizia y de Felipe de Borbón, y también documentos de cada negocio que hizo con ellos.

Parece inverosímil que a un recién llegado a la Casa Real, como era entonces el primo de la reina, se le confiase una tarea secreta. Pero él asegura que en la familia Borbón no hay secretos cuando pasas a formar parte de ella.

—Se entra como se entra en la mafia —me dijo.

Le pregunté si Letizia sabía de esos negocios.

—Si tú formas parte de una familia es difícil que se te oculte todo —insistió—. Tarde o temprano te vas enterando y, de alguna manera, se acaba siendo partícipe.

A las preguntas incómodas sobre la monarquía, la mayoría de las veces la respuesta es un silencio. Al primo de la reina le pedí ver los documentos y escuchar las grabaciones que incriminan a Letizia y Felipe VI, pero dijo que, aunque hablaba de ellas, prefería no mostrar esas evidencias. En 2013, él había publicado su libro *Adiós, Princesa* y, por temor a represalias de parte de su prima o de la Casa Real, me dijo que se reservaba esa información como «una medida de precaución y de seguridad», como quien guarda un as bajo la manga. Era un arma de autodefensa ante una posible acusación. Luego, su teléfono quedó mudo. El primo de la reina prefirió callar.

Como presentadora de noticias, Letizia Ortiz cuidaba cada palabra que decía ante las cámaras de un telediario. Cuando se casó con Felipe de Borbón, se ajustó a ese código de la Corona que consiste en no responder preguntas. Desde la Casa Real no dan respuesta al pedido de contrastar el testimonio del primo de la reina. La reina no concede entrevistas.

Desde el hermetismo de la monarquía, Letizia se comunica con sus gestos y discursos breves, pero sobre todo con su apariencia. Es su nuevo idioma para dialogar.

Un vestido de marca española revaloriza la industria de su país.

Una falda ligera combina con la fragancia de un perfume.

Repetir vestuario es un gesto de austeridad.

Años después de que Juan Carlos I le diera un bolso para que supiera dónde poner sus manos, la reina sigue cargando uno en cada acto. La prensa suele verla como una modelo muda que lleva un bolso vacío. Solo sus amigos saben que la reina lleva siempre lo mismo: un teléfono, cigarrillos rubios y un bolígrafo de tinta azul. De una modelo no se espera un compromiso más allá de su apariencia y el compromiso de la reina solo debería ser el de acompañar a su marido. Pero la expresentadora de telediarios con su actitud rebelde, peinados asimétricos y vestidos de nueva colección, sabe actuar ante una cámara y convierte en *show* cualquier acto oficial. Fumar y tomar apuntes son hábitos que la reina conserva desde que su trabajo era contar noticias. No protagonizarlas más que el rey. Ahora preside actos internacionales antitabaco, cumple compromisos heredados de su suegro y se esconde en un baño cuando quiere fumar.

Dicen de ella que modernizó la monarquía. Pero es improbable ser parte de una Casa Real sin seguir la tradición.

Un año después de posar ante una empresa de perfumes

en Barcelona, la reina apareció con un vestido rojo ceñido al cuerpo en la localidad catalana de Sant Sadurní d'Anoia. Otra vez iba a publicitar una empresa privada que tiene un trato preferencial con los reyes. Iba a celebrar con Felipe VI el centenario de otra marca, la de los vinos espumantes Freixenet, un cava catalán que antes habían publicitado Liza Minnelli (con su esmoquin sexy de cabaret); Kim Basinger (con sus hombros desnudos); Demi Moore (con un vestido rojo de escote profundo); Penélope Cruz (con pantalones ajustados de chica Bond) y la cantante Shakira (envuelta en tules y enseñando su vientre de odalisca). El vestido rojo que la reina llevaba puesto en ese brindis realzaba la imagen del vino. Era otro intercambio de publicidad.

José Luis Bonet, uno de los dueños de Freixenet y presidente de la Cámara de Comercio de España, me dijo que su familia compró esa bodega porque había sido proveedora de la Casa Real. Un título honorífico que le concedió Alfonso XIII, bisabuelo de Felipe VI.

—La monarquía es una garantía de calidad —me recordó Bonet—, pero también de estabilidad, porque la economía no funciona sin estabilidad política.

El empresario hablaba de la monarquía como quien describe una infalible herramienta de marketing. Aunque no siempre lo fue: Alfonso XIII ofreció cava Freixenet en sus recepciones del Palacio Real hasta que perdió el trono por apoyar en España a una dictadura. Casi noventa años después, su bisnieto volvía con la reina a Cataluña cuando millones de catalanes pedían la independencia. Esa mañana de vinos espumantes, el rey buscaba apoyo empresarial y publicitaba una bodega como muestra de agradecimiento.

Un guía le pidió a la reina que posara junto a unas botellas cubiertas de polvo y le dijo que esa era la «Reserva real».

La reina obedeció con su vestido rojo y alzó su copa. Pero no bebió el cava catalán. En un mundo sin declaraciones pero elocuente en gestos, una reina que brinda y no bebe podría entenderse como un desaire. O como una opinión política.

Un encargado de prensa de la Casa Real, después lo aclaró.

—La reina nunca bebe cuando la fotografían —me dijo—. No queda bien en las fotos y se le arruina el maquillaje.

Todo acto oficial es un acto de ilusionismo.

—Nosotros decimos que su sola presencia es el mensaje —me corrigió el encargado de prensa—, la reina no tiene nada más que agregar.

Las especialistas en moda publicaron después que el vestido rojo de la reina era un modelo en *tweed* y *crepé* que ella había usado antes en un acto en Roma y, por eso, titularon «Reina del reciclaje».

La imagen de la monarquía ha sido tan ostentosa que si una reina usa dos veces un mismo vestido se convierte en un mensaje de austeridad.

La elegancia de otras reinas también es repetitiva, aunque cambie de color, como si eligieran siempre el mismo traje para no equivocarse. La reina Sofía viste modelos discretos de solo tres diseñadores españoles. Isabel II de Inglaterra lleva siempre los mismos sombreros llamativos, trajes clásicos de colores pastel y bolsos *made in UK* marca Launer. Letizia, en cambio, no solo usa dos veces la misma prenda: combina Zara con Nina Ricci, Uterqüe con Hugo Boss y, al hacerlo, excita la industria de la moda y aumenta el protagonismo de la Casa

Real. En 2017, ella volvió a estar en la lista de mujeres más elegantes del mundo de *Vanity Fair.* Un año después, el diario *El Mundo* tituló: «Letizia y la monarquía de segunda». La acusaban de «taquimeca discotequera con *leggings*», alguien que vulgariza a la Corona. Pero hay otra forma de entenderlo: mientras Isabel II de Inglaterra y Sofía de Grecia cumplen con sobriedad las obligaciones que heredaron de sus padres, Letizia es heredera de otra tradición: la de un padre periodista y la de mujeres que no nacieron para reinar, pero hicieron que la monarquía sea parte del negocio de la moda y del *show business*, como Grace Kelly y Lady Di.

La princesa de Mónaco abandonó su carrera de actriz para casarse con el príncipe Rainiero. Desde entonces, las monarquías de Europa imitan el *charme* de las estrellas de Hollywood y no al revés. Nadie recuerda un discurso de Grace Kelly, pero un modelo de bolso de la marca Hermès lleva de nombre su apellido. Lady Di fue en Inglaterra la princesa elegante del pueblo que salió del palacio de Buckingham para alzar la voz contra su marido infiel, el príncipe Carlos, y su vida fue contada hasta su muerte como un *reality show*. «Letizia Ortiz emprende el camino inverso de Diana Spencer», dice Miguel Roig en su libro *Las dudas de Hamlet*. Ella abandonó el set de televisión para entrar en un palacio donde le pedían, por favor, bajar la voz.

Hoy la reina tiene una asesora de imagen que fue estilista en *Cosmopolitan* y la misma peluquera de cuando era una joven y divorciada presentadora de televisión. Trota por los bosques cercanos a su casa, ha tomado clases de pilates, sigue su dieta macrobiótica y es «embajadora de la ONU para la Nutrición». A veces practica zumba en un gimnasio del Palacio de la Zarzuela. Letizia no es una incauta ante los peligros de la fama. Su rutina es la de una modelo que se entrena para estar bella, pero también para ganar confianza en sí misma. La reina que se expuso desde niña como bailarina de ballet nunca dejó de bailar. La pregunta es qué va a pasar con sus hijas.

A la princesa Leonor y a la infanta Sofía, la reina las educa como quien continúa una tradición. Cuando están en un acto oficial les pide que junten las piernas, las viste con trajes similares de colores pastel y les señala con el dedo que deben caminar siempre detrás del rey. Aunque el destino de la princesa Leonor, hija mayor de los reyes, no es acompañar en silencio a un monarca, sino reinar.

Desde el año 2000, por primera vez en la historia, la descendencia de la realeza son en su mayoría mujeres, cuyas madres han sido plebeyas y cuyo futuro es ser jefas de Estado. La princesa Leonor, hija de Felipe VI y Letizia, será una reina con un marido consorte, igual que las princesas Estelle de Suecia, Ingrid de Noruega y Catharina-Amalia de Holanda. La única excepción entre tantas niñas es la del príncipe Jorge, el primer hijo de Guillermo de Inglaterra y Kate Middleton, la duquesa de Cambridge. Su hijo es el único varón nacido en el siglo XXI para reinar.

Letizia educa a su hija para ser reina cuando el poder de las monarquías ya no es político, ni económico y va dejando de ser patriarcal.

Jesús Ortiz, el padre de la reina, no pondera el estatus de su hija mayor.

—Nada es permanente —me dijo—. Siempre puede haber un partido político que tenga mayoría y decida rehacer el referéndum por el cual tenemos una monarquía.

El padre de la reina ve su realidad con el escepticismo del

periodista que fue. El mismo que inculcó a Letizia. El título de reina es vitalicio. Pero en un país donde un tercio de los diputados ven la monarquía como un aparato anacrónico, el padre de la reina no ve en su cargo un gran prestigio ni estabilidad.

—No entiendo el interés por ella —insistió Jesús Ortiz—. Mi hija solo es una persona que se casó con un jefe de Estado.

Las estadísticas no le darían la razón. No es el rey el que se inmiscuye en nuestras conversaciones: la reina no despierta admiración, pero todos hablan de ella.

De estudiante en América a princesa en España

Antes de casarse con Felipe de Borbón, Letizia Ortiz había cambiado más de siete veces de domicilio, vecinos y código postal. Desde la cuna, ser rey se define por el sentido del arraigo y la propiedad. La reina Letizia creció creyendo que el porvenir estaba lejos de su casa. En Oviedo, la ciudad donde nació, vivió durante un año con sus padres, sus abuelos paternos, su bisabuela y una tía en un piso de alquiler. Cuando nació su primera hermana, la familia Ortiz se mudó a otro piso apartado del centro de la misma ciudad. Volvieron a mudarse a un apartamento alquilado junto a unas vías de tren cuando nació su segunda hermana, y cuando su padre se quedó sin trabajo en Oviedo, la familia se trasladó a un barrio obrero de Rivas-Vaciamadrid, en las afueras de la capital. Cada mudanza era para su familia un paso obligado por las circunstancias y una ocasión para volver a empezar. Letizia aprendió a moverse como una optimista que intuye en cada traslado una oportunidad.

Siendo estudiante universitaria, voló a Colombia a un congreso de periodismo y dijo entonces que le gustaría trabajar en Sudamérica. Un año después viajó a México a estudiar una maestría y consiguió allí un trabajo de reportera en un periódico. Cada vez que pensó en empezar de nuevo, Letizia voló a Latinoamérica a probar suerte o a tomar distancia y pensar. Cuando se casó con su novio profesor de literatura y escritor, se fue de viaje a Cuba con él. Y antes de anunciar su boda con el príncipe Felipe se refugió en una reserva aborigen en la selva de Costa Rica.

Había disciplina en su ambición por conocer lugares nuevos cuyo descubrimiento le permitiera evolucionar. En todos esos viajes del pasado, Letizia Ortiz iba hacia lo desconocido como quien quiere verse de lejos y medirse a sí misma. Pero también con la ambición de ser otra antes de volver a su país.

Cuando regresó de Colombia entró como redactora en la agencia de noticias EFE.

Cuando volvió de México se hizo presentadora de televisión.

Cuando regresó de Cuba con su primer marido no demoró en divorciarse de él.

Al volver de Costa Rica anunció su compromiso con el príncipe.

Cada viaje era para Letizia Ortiz un ritual de paso y una inversión.

—Nunca tuvimos una gran capacidad económica —recuerda Jesús Ortiz, el padre de la reina—. Pero con mi familia compramos una tienda inmensa con tres habitaciones y recorrimos media Europa en coche. Nos gustaba descubrir pueblos y gente nueva: paisaje y paisanaje.

La reina se crio como una viajera que hizo más de cien mil kilómetros hablando con desconocidos antes de llegar a la Casa Real.

—Hacíamos lo que nos apetecía —recuerda el padre de la reina—. Donde había una playa, parábamos. Íbamos a museos o a ver ruinas. Cuando empezaba a anochecer, buscábamos un camping oficial, que es prudentemente asequible.

La futura reina se perdía por las calles de París y, por la tarde, montaba con su familia una tienda en los campings de la periferia. Letizia Ortiz aprendió a disfrutar de esos viajes guiada por un padre para quien la trashumancia no solo había sido una forma económica de hacer turismo.

Cuando sus padres se separaron, Paloma Rocasolano, la mamá de la reina, se mudó al distrito de Moratalaz, en Madrid, y Letizia se fue a vivir con ella. Después, compraría con su primer marido un piso de la Cooperativa de Comisiones Obreras en Rivas-Vaciamadrid. Un año más tarde volvería a mudarse cuando se divorció de él. El nomadismo había sido para Letizia una necesidad y también una manera de entender la aventura como una pócima de crecimiento.

Hoy viajar es para la reina un aburrido periplo a bordo de coches, aviones y helicópteros que detesta. Odia el ruido de su hélice, el viento que la despeina, el humo de los motores que, repite ella, «huele muy mal». En sus primeros cuatro años de reinado, salió más de treinta veces de su país en viajes oficiales, y visitó las diecisiete comunidades autónomas de España. Felipe de Borbón creció en ese mundo de itinerarios patrocinados por el Estado y con asistentes como únicos compañeros de viaje, y acabó enamorándose de la joven nómada.

El día de su boda, en la catedral de la Almudena de Madrid, el príncipe Felipe puso en manos de Letizia Ortiz trece monedas doradas que simbolizan sus bienes, y prometió compartirlos con ella en una ceremonia solemne. Un matrimonio sigue siendo más una adquisición que una fusión. Letizia Ortiz también prometió compartir lo suyo con el príncipe. Ella daría a la familia real una imagen de modernidad. Felipe de Borbón, dos años antes de conocerla, había comenzado a construir, con fondos del Estado, la casa que hoy comparte con su esposa y sus dos hijas a un kilómetro del Palacio de la Zarzuela. Por primera vez en la historia de España, un príncipe heredero sería proclamado rey en democracia y podía pensar en el futuro. Cuatro décadas atrás, la estabilidad era apenas una ilusión para la familia Ortiz y también para la familia real. El rey Juan Carlos I estuvo exiliado con sus padres hasta los diez años de edad y se casó con Sofía de Grecia durante la dictadura de Franco. La reina Sofía conoció el exilio con su familia en Reino Unido, Egipto y Sudáfrica durante la Segunda Guerra Mundial. Si Felipe de Borbón es heredero de dos familias reales que han conocido el exilio, Letizia Ortiz pertenece a un linaje que también conoce la incertidumbre del desarraigo.

Ella trazó un itinerario entre Oviedo, América y Madrid y su historia fue para los españoles una fantasía colectiva de ascenso social. El día de su boda no paraba de llover, pero miles de personas salieron a las calles para ver el cuento de hadas de una plebeya que no estaba destinada a ser princesa.

Su última residencia, antes de casarse con Felipe de Borbón, fue un piso minúsculo en Vicálvaro, al Sudeste de Madrid, que Letizia compró cuando comenzó a trabajar en CNN+. Era una zona desangelada donde funciona el mayor yacimiento del mundo de sepiolita, el mineral poroso y absorbente con el que se fabrica la arena que sirve de excusado a las mascotas. Su último barrio antes de ser princesa tenía, igual que el barrio de su infancia, un ambiente industrial.

La presentadora de televisión, cuyas parejas siempre se habían dedicado al inestable oficio de escribir, buscaba estabilidad. No podía comprar la casa de sus sueños, pero quería dejar de pagar un alquiler.

—Aquel piso era un cuchitril —recuerda David Rocasolano, el primo de la reina, en su libro *Adiós, Princesa*—. Su situación económica la acomplejaba —dice Rocasolano—. «¿Cómo voy a invitar a nadie a venir aquí?» —le preguntaba ella.

Antes de cumplir treinta años, Letizia Ortiz había comprado su primera casa, pero se avergonzaba de su posición económica. Cuando se divorció de su primer marido, rehízo su vida y, al poco tiempo, estaba lista para volver a empezar. Cuando Felipe de Borbón se enamoró de ella al verla presentar un telediario, sus únicos muebles eran una cama y un sofá. La reina que aprendió de niña a viajar con la comodidad de un camping, nunca esperó que un príncipe viniese a rescatarla.

Hoy la reina olvida con frecuencia los protocolos y la prensa la critica cuando camina delante del rey. Son engañosas las fotos en las que ella luce altiva. Su actitud no es la de una soberana segura de sí misma que mira sobre el hombro la inseguridad de los demás. Es el rictus de quien nunca está conforme consigo mismo y conoce bien la urgencia por prosperar y el miedo cotidiano a llegar tarde.

Fermín Bouza, su profesor en la Universidad Complutense de Madrid, la recuerda ansiosa en su despacho.

—Vivía angustiada: «No tengo dinero y tengo que trabajar como sea» —recuerda el profesor que le decía ella—. Venía a mi despacho a que le firmara papeles para conseguir becas.

Cuando visitaba el despacho de su profesor, Letizia Ortiz era una estudiante de periodismo que se peinaba con trenzas y Fermín Bouza, un profesor de Opinión Pública que también era su tutor. Debatían sobre filosofía, retórica, *doxa*, *episteme*. Además, Letizia Ortiz tomaba con el profesor Bouza una clase sobre cómo hacer entrevistas en profundidad.

—Estudiábamos el mundo de los significados —me dice Bouza—, que es distinto al mundo «objetivo» que busca el periodista tradicional.

La futura reina aprendía psicología aplicada al periodismo.

Fermín Bouza es psicólogo y estudiaba a sus alumnos.

—Su patrón de conducta es pedir directamente lo que quiere —dice Bouza sobre ella—. Sin adornos.

A una edad en que los estudiantes apenas deciden lo que quieren hacer con sus vidas, la futura reina le pedía ayuda a un profesor que le recomendaba leer autores como Paul Watzlawick, el teórico de la comunicación que duda de la forma en que percibimos el mundo en su libro *¿Es real la realidad?* Letizia Ortiz quería cambiar la suya. Quería conseguir trabajo y una beca para salir del país.

Vivía con sus padres y sus dos hermanas en Rivas-Vaciamadrid, en las afueras de la capital, y demoraba una hora en bus en llegar desde la facultad, donde Bouza le firmaba solicitudes de becas, hasta su casa. Era un chalé de dos plantas que sus padres habían comprado con una hipoteca y que su primo, David Rocasolano, llamaba «la cueva de las acelgas». «Solo exagero un poco si digo que en la casa de mis tíos se desayunaba, se comía y se cenaba un plato de acelgas cada día», recuerda el primo de la reina en su libro *Adiós, Princesa.*

Eran los primeros tiempos de la familia Ortiz en Madrid. «Recuerdo visitarlos en invierno y que me recibieran las tres hermanas con sus batas gruesas y calcetines por encima de sus pantalones —dice Rocasolano—. No había dinero suficiente ni para encender una estufa.» Él estudiaba entonces en un colegio mayor de Madrid y solía pasar los fines de semana con Letizia y sus hermanas, cuando iba a visitarlas a esa casa. «Esta juventud bastante precaria fue forjando el carácter de Letizia —advierte Rocasolano en su libro—. Mi prima siempre ha sido muy consciente de dónde viene. Por eso ella es tan luchadora, tan tenaz. Ella quería otra vida.»

Letizia había crecido con la idea de viajar no solo para ver con ojos de turista la existencia de una vida mejor, sino pensando que esa vida también podía ser propia. En Rivas-Vaciamadrid, donde vivía la reina, la aventura era llegar a fin de mes.

—Te metías a comprar una casa y había que empezar a amueblarla —recuerda José Antonio Álvarez, un vecino que sigue viviendo junto a la que fue la casa de los Ortiz—. Con las deudas contraídas, todos íbamos muy apretados.

Cada Navidad la familia Ortiz se reunía a cenar con sus vecinos y, dos o tres veces por semana, José Antonio Álvarez acercaba a Letizia en su coche hasta el centro de Madrid, donde ella asistía al colegio secundario y luego a la universidad.

La reina que hoy vive en el orden jerárquico de la Casa

Real fue adolescente en un barrio que funcionaba como una gran familia, donde organizaban asambleas y tenían una cooperativa de la que Jesús Ortiz, el padre de la reina, era el tesorero. De un barrio periférico de Oviedo, Letizia pasó a vivir en una localidad que históricamente fue gobernada por Izquierda Unida, donde cualquier problema era una causa común. Debatían sobre cómo mejorar el barrido de las calles, el sistema de alumbrado o la próxima fiesta entre vecinos.

—Cuando llegamos aquí, esto era un campo de cardos —me dice Rosa Martín, otra vecina que llegó al barrio en 1990, igual que la familia Ortiz.

Era un mundo en construcción donde las calles estaban aún por hacer.

Entre los recuerdos que José Antonio Álvarez conserva, hay una foto de Letizia Ortiz disfrazada un día de carnaval. Era una yincana sobre películas famosas y ella se disfrazó de «cazafantasmas», esa comedia fantástica que protagonizó Bill Murray. Álvarez ríe treinta años después. La futura reina era una recién llegada que supo caer simpática. Al coche de su vecino lo disfrazó con tubos de plástico que simulaban artefactos para atrapar espectros. Es el mismo coche que Álvarez usaba para acercarla al centro de la ciudad cuando ella se lo pedía y él iba hacia allá.

Fermín Bouza, su profesor de Opinión Pública, dice que a los pedidos de Letizia Ortiz nunca pudo decirle que no.

—Yo le decía: «Venga, te firmo lo que quieras que te firme» —recuerda Bouza.

Al profesor lo conmovía el entusiasmo de su alumna que buscaba trabajo y salir del país. Colombia sería su primer destino. Letizia le pedía a su profesor que firmara solicitudes de becas y cartas de recomendación. La reina que hoy viaja con la seguridad de una misión diplomática antes vivía con la convicción de quien confía sobre todo en su carisma.

Como estudiante de Periodismo, Letizia Ortiz no tuvo buenas notas en materias como Economía, Teoría de la Comunicación, Ciencias Jurídicas o Sociología. En esas asignaturas de su facultad consiguió un cinco, la nota mínima para aprobar el curso. Pero es como si hubiese hecho una maestría en Marketing y Relaciones Públicas siendo niña. Luis Fernando Ronderos, director del Centro de Producción de la Universidad Autónoma de Occidente, en Cali, la recuerda como «la chica española» que en la primavera de 1994 lo interrumpió en su despacho. Ella había aterrizado en Colombia sabiendo que allí nadie la esperaba, y le dijo a Ronderos que quería hablar con él. En Cali estaba por comenzar el VIII Encuentro Latinoamericano de Facultades de Comunicación Social, un congreso de periodistas que se organizó en América Latina durante más de tres décadas, y Ronderos, que lo coordinaba entonces, atendió a la desconocida.

Letizia le propuso un trato.

—Me dijo que no tenía plata para pagar la inscripción —me dice Ronderos al teléfono—, y me ofreció trabajar para el congreso a cambio de que la dejáramos participar.

La futura reina había volado desde Madrid sin dinero, pero confiaba en que al llegar a Cali iba a encontrar una solución. Ronderos comprende ahora su audacia.

—¡Venirse sin plata hasta acá! Fue muy arriesgada —dijo

el director—. Pero si logró hacer el negocio de trabajar y no pagar, imagínese. Era muy despierta.

A uno de los estudiantes que también había ido a ese congreso, Letizia le dijo que ella había trabajado durante un año en una pizzería de Madrid solo para pagar su viaje.

—Decía que iba a ser una de las mejores periodistas de España —dijo Alex Gómez al diario *El País* de Cali—, y que ahorró su salario en una pizzería porque tenía muchas ganas de participar y conocer otra cultura. Es una de las mujeres más terrenales, divertidas y ambiciosas que yo conocí.

Alonso Guerrero, quien entonces era su novio, no recuerda que Letizia haya trabajado nunca fuera de un periódico, una agencia de noticias o un canal de televisión.

—Yo olvido muchas cosas —me dice Guerrero—. Pero una pizzería no me suena.

La reina quería sobrevivir fuera de España y hoy tiene en Colombia su propio mito de mujer perseverante. En Cali le ofrecieron un trabajo de entrevistadora para un telediario de la universidad. Luis Fernando Ronderos, el director que la recibió, la estaba observando.

—Estaba la crema y nata de la comunicación de América Latina —advirtió—, y ella habló con todos con mucha propiedad.

A sus veintidós años, la futura reina sabía ser elocuente con los teóricos de la comunicación y sabía qué puertas golpear en los despachos de la universidad. Fermín Bouza, su profesor de Opinión Pública, no fue el único mentor de Letizia Ortiz. Carmen Caffarel, exvicedecana de la Universidad Complutense de Madrid y exdirectora de Televisión

Española, también la recuerda en su despacho preguntando por convenios entre facultades que le permitieran salir del país.

—Letizia era más madura de lo normal —advirtió Caffarel en una entrevista—. España no es como el resto de Europa, donde los jóvenes salen a corta edad y se buscan la vida. Ella tenía muchas ganas de conocer.

Ahora, en Cali, dicen de Letizia Ortiz que durante su visita montó a caballo y derrapó en *jet ski*; hizo autostop y viajó en camión, bailó salsa, probó aguardiente y almorzó con nativos guambianos durante una excursión al monte.

—Era tan amigable que desde que llegó ya tenía su grupo de rumba —recordó Ronderos.

La reina, que hoy vive de su popularidad, en Colombia era una joven con vocación de extranjera que supo convertirse en un personaje popular.

Amparo Sarmiento, la estudiante que la alojó en su casa de Cali, dijo que le había llamado la atención que ella llevara tacones en su maleta.

—En la noche había cócteles y ella siempre estuvo elegante.

Cuando regresó a España, Letizia Ortiz le envió una carta a Sarmiento.

«Colombia es un país muy hermoso —le decía—. Yo se lo digo a todos aquí en Madrid.»

La futura reina se sentía agradecida.

«Escríbeme pronto, muy pronto.»

No quería perder el contacto.

«Y recuerda, como yo hago, los días que pasamos todos juntos allí.»

Letizia Ortiz no solo confiaba en su currículum académico para progresar.

La otra vida que ella quería no era la de una turista que está de paso por la vida de los demás. Era la de quien viaja pensando que en cualquier momento puede regresar al sitio que acaba de conocer.

Unos días antes de despedirse de sus nuevos amigos en Colombia, un grupo de estudiantes de Cali la entrevistó.

Letizia habló de su futuro.

—Me interesa terminar mi carrera y venir a Latinoamérica a trabajar en una universidad —dijo la futura reina.

Letizia Ortiz era una buena alumna que no necesitaba ser ejemplar para sobresalir.

Cuando anunció su boda con Felipe de Borbón, la prensa elogió su pasado universitario. Aunque entre los miembros más populares de las monarquías, la ejemplaridad académica ha sido menos frecuente que el carisma y la intuición.

La reina Isabel II de Inglaterra lleva más de seis décadas siendo una soberana respetada en Reino Unido y fue educada por una institutriz. Lady Di fue la «princesa del pueblo», sin más estudios que los del colegio secundario. La reina Sofía estudió Bellas Artes y Humanidades y en las encuestas destaca por su «ejemplaridad»; los españoles la consideran distante. La admiración hacia los líderes depende menos de la razón que de las emociones que ellos provocan. Juan Carlos I tuvo una educación discontinua tras su exilio en Roma y Portugal y ha sido un orador limitado, pero fue un gran estratega que hablaba cinco idiomas y aún lo llaman «Patrón» en la Casa Real.

La gente lo elogia con el apelativo «campechano». Su hermana Pilar de Borbón dijo en un documental que al rey Juan Carlos I le había costado estudiar por padecer dislexia. «Pero los disléxicos desarrollan otro tipo de inteligencia —advirtió la hermana del rey—, y creo que su gran intuición viene de ahí.» La intuición de las nuevas generaciones de príncipes de Europa fue emparejarse con mujeres bellas y carismáticas que en su gran mayoría habían pasado por la universidad.

Igual que la reina Letizia, Máxima de Holanda es universitaria, se graduó en la Universidad Católica de Argentina como licenciada en Economía. Mary de Dinamarca es licenciada en Derecho y Kate Middleton conoció al príncipe Guillermo de Inglaterra en la Universidad de Saint Andrews, donde ella estudiaba Historia del Arte. El currículum académico es un mérito entre las nuevas mujeres de las monarquías, aunque luego se les exija abandonar sus profesiones para ser princesas. Mette Marit de Noruega fue criticada por ser madre soltera, pero también por no tener formación universitaria. La princesa Victoria de Suecia estudió francés durante un año en la Universidad Católica de Angers, Ciencias Políticas durante dos años en Yale y se graduó en un curso de resolución de conflictos, pero le reprocharon haber elegido como esposo a Daniel Westling, su *personal trainer*.

Felipe VI es el primer rey de España universitario y por ello se especuló que junto a la reina Letizia, quien también lo es, podía ser un buen monarca. Él estudió Derecho y un año antes de ser proclamado rey su padre dijo que era el príncipe «mejor preparado». La cultura popular que elogia a Juan Carlos I con el mote «Campechano», llamó a su hijo con el apelativo chistoso «el Preparao».

Los títulos universitarios no son cruciales para la popularidad de un rey.

José Antonio Alsina, quien durante diez años fue ayudante de Felipe de Borbón, aclaró en *Vanity Fair* que el príncipe se aburría con los libros.

—Era pachorro y parsimonioso, flojo en sus estudios —declaró Alsina—. Sobre todo en Matemáticas y Física. Le costaba levantarse por las mañanas.

Carmen Iglesias, profesora de Historia de Felipe de Borbón, recordó en *El País* que Juan Carlos I le decía: «No me aburras al muchacho con la prehistoria».

El rey no le reclamaba buenas notas a su hijo.

Letizia Ortiz tenía un promedio general de ocho con trece sobre diez en su penúltimo año en la universidad.

Su profesor de Opinión Pública recuerda haber sido generoso con ella.

—Letizia quería ir un poco por delante que el resto de los alumnos —me dice Fermín Bouza.

La futura reina comenzó a visitar con más frecuencia a su profesor cuando su beca de trabajo en la agencia de noticias EFE llegaba a su fin, y siguió en contacto con él cuando sus padres empezaban a separarse y sus amigas planeaban continuar sus estudios en Estados Unidos o Inglaterra.

—Letizia veía que todo se le echaba encima —recuerda Bouza—, y lo pasó muy mal con la separación de sus padres.

El profesor Fermín Bouza fue, para la futura reina, una contención emocional. Después de viajar a Colombia y acabar sus prácticas en una agencia de noticias, Letizia Ortiz debía decidir qué hacer.

—El problema es que Letizia era la única de nuestro grupo que no hablaba inglés —me dijo su amiga de la agencia EFE que había compartido con ella un viaje a Pamplona y continuó sus estudios en Londres.

En los últimos años, la reina ha dado discursos en inglés durante una conferencia contra el tabaco en Portugal, en una exposición de Diego Velázquez en Viena, en un congreso mundial contra el cáncer en París. Cuando se comprometió con Felipe de Borbón, en la Casa Real contrataron a un profesor para que ella aprendiera otro idioma. Siendo estudiante, el único idioma de Letizia Ortiz era el de la perseverancia. Mientras sus compañeras viajaban a Londres o Nueva York, ella solo podía continuar sus estudios en un país donde se hablara español. Además, debía buscar trabajo en Madrid.

Letizia necesitaba ayuda y el profesor Fermín Bouza le concedió una matrícula de honor en su materia, le permitió comenzar un curso de doctorado, que no finalizó, antes de acabar su licenciatura y, aunque su nota en Sociología era un cinco, la recomendó para que ocupara un puesto de becaria en el departamento de Sociología de la universidad.

—Esas becas no las suelen conceder —me advierte el profesor Bouza—. Solo la consigues si convences con tu currículum, y eso Letizia lo hacía muy bien. Ella era fantástica en la parte administrativa.

Con su promedio de ocho con trece, Letizia Ortiz consiguió una beca de trabajo a la que aspiran miles de estudiantes y solo se le otorga a media docena de ellos. También consiguió una plaza para asistir a un máster en una universidad pública de México.

—Ella era muy dueña de sí misma —recuerda el profesor Bouza.

Un sentimiento común entre quienes la conocieron.

Francisco Cortázar, un amigo mexicano que conoció a Letizia en la Universidad de Guadalajara, la recuerda como una chica práctica que vestía siempre igual.

—Pantalones oscuros y camisas claras —dice Cortázar—: unas para el día y otras para la noche.

Había también disciplina en su modo de ser práctica sin perder la elegancia.

Letizia Ortiz tenía en México un sistema para combinar ropa y lucir siempre presentable.

A sus veintitrés años, la futura reina buscaba en Guadalajara un piso compartido donde vivir. Llegó allí para cursar una maestría en Periodismo, pero además debía pensar en un modo de subsistir. En Colombia había pagado la matrícula de un congreso de periodistas trabajando para los organizadores. En México, Letizia Ortiz debía pagar por primera vez un alquiler y consiguió un empleo de azafata para promocionar una marca mexicana de cigarrillos.

Letizia no tenía tiempo para pensar en la ropa que se iba a poner.

Su amigo recuerda sus días como promotora de tabaco.

Cada tarde, en Guadalajara, Leticia se vestía con un pañuelo rojo al cuello y botas de *cowboy,* y recorría las calles para promocionar cigarrillos marca Boots.

—Imitaba el acento mexicano para no parecer tan diferente a nosotros —me dice Cortázar—, y aprovechaba para fumar de gratis.

Letizia fingía un acento mexicano para resultar más empática.

Hoy su amigo cree que la reina era una persona simple solo en su forma de vestir.

En el país donde más refrescos se consumen en el mundo y la comida más popular son los tacos, la reina del futuro era para su amigo una excéntrica que bebía zumos de zanahoria, evitaba los puestos de comida al paso y prefería no viajar en transporte público. De adolescente, le pedía a su vecino que la llevara en coche hasta su colegio en Madrid. En México, caminaba para economizar.

—Estaba jodida de dinero, pero era exigente —recuerda Ezequiel Nájera, quien fue anfitrión de Letizia en Guadalajara.

—Digamos que era una chica *luchona* —agrega su esposa, María Luisa García de Nájera—. Y tenía un carácter tremendo.

—Era una chica normal —sentencia el marido—. Pero con mal carácter.

Los Nájera le alquilaron a Letizia una habitación en la casa donde ellos vivían con sus hijos.

Letizia los había elegido meses antes de llegar allí.

Los Nájera no lo sabían.

La futura reina había enviado una carta por fax desde Madrid en la que consultaba a sus profesores de Guadalajara por el «hospedaje con familias», y enumeraba los requisitos que esas familias debían cumplir.

Primero decía que sus anfitriones debían ser: «cercanos espacial y espiritualmente a la universidad».

Letizia no se conformaba con cualquier habitación.

Luego prevenía: «Confío en que este asunto no será un obstáculo para realizar mis estudios en México».

Quería ser diplomática al presionar.

Por último rogaba: «si ustedes conocen a otros estudiantes extranjeros que tengan la misma dificultad que yo o alumnos que compartan piso con otros estudiantes, les ruego que me lo hagan saber».

Pensaba que otros estudiantes también pedían buscar hospedaje a un profesor.

Hoy su anfitrión Ezequiel Nájera muestra su casa como quien guía a un turista por un museo.

La habitación donde dormía Letizia es un cuarto con baño privado en un primer piso. Tiene una cama doble, televisión, nevera y un ropero con espejos.

—Todo está como cuando Letizia vivió aquí —me asegura Nájera.

Sobre la cabecera de la cama hay una imagen de Cristo enmarcada.

Era la habitación de alguien que vive con su familia, pero no quiere perder su independencia.

En una época en que el *e-mail* era un privilegio limitado, Letizia Ortiz enviaba desde Madrid instrucciones por fax sobre su hospedaje hacia un país que no conocía. México vivía entonces una revolución que se había gestado en Chiapas en 1994, y sus líderes encapuchados del Ejército Zapatista clamaban en las calles por más derechos para las comunidades indígenas. Un año después de ese alzamiento popular, Letizia llegó a México para hacer su revolución personal. Ella quería estudiar allí. Pero también deseaba independizarse de sus padres que estaban en España y tomar distancia de su novio profesor de literatura y escritor.

Sus anfitriones no habían sido universitarios, pero su casa estaba junto a un edificio de la Universidad de Guadalajara, y por una mensualidad de cuatrocientos pesos mexicanos (unos cien dólares actuales) le ofrecían las mismas atenciones que podía darle su mamá: hospedaje, tres comidas diarias y, además, el lavado de su ropa, un servicio que Letizia no utilizaba.

—Letizia era muy especial con sus cosas —me dice María Luisa García de Nájera, quien también preparaba las comidas que la futura reina no probaba: sopa de arroz, guisados, espagueti con camarones y desayunos con huevos revueltos, jamón, chorizo, tortillas de maíz y zumo de mango o naranja.

Aquellos menús caseros espantaban a la reina que evitaba los tacos y hoy es embajadora de la ONU para la Nutrición.

—Ella siempre con sus lechuguitas —me dice la señora María Luisa que preparaba ensaladas solo para Letizia—. Tenía sus particularidades —recuerda la mujer—. Pero era muy atenta y respetuosa. Nunca trajo a ningún fulano a casa ni llegaba de madrugada. Si no venía a comer, tenía el detalle de avisar.

Hoy la mayoría de las personas que la conocieron sienten que no deben criticarla sin hacer alguna aclaración. A cada comentario que la desaprueba, lo acompaña un halago que consiente su excentricidad. A nueve mil kilómetros de España, una reina, solo por serlo, sigue recibiendo el trato de majestad.

Su anfitriona en Guadalajara recuerda que Letizia solo una vez le alzó la voz.

—La llamaron por teléfono y yo pregunté «¿De parte de quién?» —dice la señora de Nájera.

Letizia Ortiz la apuntó con su dedo.

—«¿No sabe usted que es falta de respeto preguntar?»

La señora replicó que en México la falta de respeto era no hacerlo.

A Letizia Ortiz solo le importaba saber si quien llamaba era hombre o mujer y si pronunciaba su nombre con «s» o con «z». Si el hombre que la llamaba pronunciaba su nombre con «z», ella sabía de inmediato que era Alonso Guerrero, su novio profesor de literatura que había quedado en Madrid y de quien le costaba separarse.

Para ser independiente, Letizia Ortiz necesitaba más que salir de España.

—Ella andaba como echada *p'alante.* Como avasallando —me dice el profesor Francisco Hernández—. Pero no haciendo un cálculo frío. Era una persona sensible y perceptiva, pura intuición.

En la Universidad de Guadalajara, donde Letizia Ortiz hacía su maestría en Periodismo, Hernández la escuchaba desde su despacho intentando leer en inglés.

—Buscaba palabras en el diccionario y me preguntaba: «¿Cómo se dice esto?». Revísemelo, por favor —recuerda el profesor—. Yo la veía estudiando en voz alta.

Más que una excéntrica que no viajaba en transporte público y solo consumía menús *light*, Letizia Ortiz era, para el profesor Hernández, una chica con la misión autoimpuesta de emanciparse y aprender.

Ella no postuló a una beca en Londres o Nueva York porque no hablaba inglés. En México debía descifrar los mensajes que le dejaban en el teléfono y los códigos de un país que le resultaba cercano por el idioma y desconocido por sus costumbres. Al casarse con Felipe de Borbón, tuvo que aprender el idioma silencioso de la monarquía para que los españoles la aceptasen. En Guadalajara, Letizia Ortiz era una forastera respetuosa que opinaba sin importarle disentir con los demás.

A sus anfitriones les dijo que admiraba al líder revolucionario del Ejército Zapatista de Liberación Nacional, el subcomandante Marcos, y que quería conocerlo.

—Ella era como de izquierda —duda Ezequiel Nájera, su anfitrión—. Por eso cuando se casó con el príncipe, yo pensé: por mucho dinero que haya, si no es lo que ella siente, la cosa no va a ir bien.

Letizia Ortiz lleva más de una década casada con Felipe de Borbón y, desde entonces, la política es un tema del que no puede opinar.

Antes de partir hacia México, un periodista de un canal universitario de televisión la entrevistó y Letizia opinó sobre la política del país donde iba a vivir.

—No puede ser legal que esté tantos años un partido en el poder —dijo Letizia sobre el PRI, el partido que gobernó México durante siete décadas consecutivas—. Ahí hay tongo, truco o como quieras llamarlo —insistió—. Es injusto y es un problema que debe ser grande.

Había un ideal de justicia en su ambición por comprender. En otra carta que envió por fax desde Madrid a sus profesores en Guadalajara, les anunciaba que su objeto de estudio eran «las sinuosas relaciones prensa-poder».

La futura reina interesada en política, y en el periodismo

independiente, en México también bregaba por ser una mujer que no rinde cuentas ante nadie.

Era una cuestión de actitud.

—Era una chava bronca —me dice Olimpia Nájera, la hija de sus anfitriones en Guadalajara.

Letizia no hablaba de política con Olimpia, pero se hizo amiga de ella en cuanto la conoció. En la casa de los Nájera aún hay una foto en la que ambas están abrazadas y recostadas en un sofá. Salían de fiesta y su amiga la recuerda como una chica orgullosa que hablaba alto y rechazaba la galantería de los hombres.

—Los chavos la invitaban a copas y ella decía: «a mí nadie me paga» —se ríe Olimpia—. Tampoco aceptaba que le encendieran el cigarrillo.

La actitud de Letizia Ortiz no era la de una antipática que rechaza una amabilidad, sino la de quien ve la galantería como un hábito machista. También veía su independencia como una causa que defender.

En menos de seis meses de vivir en México, la reina fue ayudante en una investigación académica sobre la calidad del periodismo mexicano, escribió un artículo para un libro de la universidad y consiguió luego un trabajo de reportera en un diario. A los galanes de bar, no les prestaba atención.

—Ella no andaba con vueltas —insiste Olimpia Nájera—. Letizia sabía bien lo que quería y a donde iba.

Hasta antes de mudarse a México, ella había vivido con sus padres y, en su nueva etapa, ya no quería seguir haciendo vida de familia. No quería que le preguntaran qué quieres comer. No quería que lavaran su ropa. No quería que los demás supieran quién la había llamado por teléfono. Ya no quería tampoco rendir cuentas en una universidad.

Seis meses después de haber llegado a México, Letizia abandonó el máster que había comenzado para trabajar en un diario, donde firmaría sus artículos con el seudónimo «Ada». La reina impaciente no tuvo paciencia con las investigaciones académicas de larga duración.

—Ella intentó hacer trabajo académico, lo intentó. Pero quería dinamismo —me dice la profesora María Elena Hernández, quien acompañó a la futura reina durante sus últimos días en la Universidad de Guadalajara—. A Letizia le picaba la silla.

Letizia Ortiz había sido asistente de la profesora Hernández en un estudio sobre la prensa mexicana. Habían viajado juntas seiscientos kilómetros en bus y compartieron una habitación de hotel en México DF, la capital del país, donde la profesora Hernández debía hacer entrevistas a editores de periódicos.

—Ella me pedía: «Preséntame, anda, preséntame» —recuerda la profesora.

Letizia Ortiz quería conocerlos para conseguir trabajo.

Más que estudiar periodismo, Letizia quería publicar en la prensa.

María Elena Hernández entendió que el destino de la joven Ortiz no estaba en las aulas.

—Se le quemó la secadora de pelo en el hotel y no sabía qué hacer —recuerda la profesora—. Me llamó la atención que se angustiara por eso.

La futura reina quería estar impecable.

Al volver de aquel viaje a México DF, María Elena Hernández publicó en un libro académico el ensayo de la alumna Ortiz sobre entrevistas en profundidad, titulado «Guiños sobre guiños sobre guiños», y le presentó a unos editores del diario *Siglo 21*. El ensayo fue su última colaboración con la universidad que la había recibido y donde dejó un máster inconcluso. Poco después, dejaría también la casa de la familia Nájera.

—El chavo con el que andaba le puso un departamento —me dice Olimpia Nájera—. Él estaba casado. Pero a ella solo le interesaba estar con la gente «bien», de clase alta.

No era una cuestión de estatus social. El «chavo» del que habla Olimpia Nájera es Luis Miguel González, editor del diario *Siglo 21* y diez años mayor que Letizia, quien fuera su pareja en Guadalajara. Como hija y nieta de periodistas, el linaje de Letizia Ortiz no provenía de las aulas ni de un hogar donde se come a las doce, sino del caos organizado que es la redacción de un diario.

—Ella quería vivir las cosas muy rápido —me dice Luis Miguel González—. El curso académico era muy aburrido. El periodismo ligaba más con su personalidad.

La futura reina pasó de la reflexión académica a la acción de un periódico. De escribir ensayos sobre prensa y poder, pasó a ser reportera de un suplemento de ocio titulado *Tentaciones*.

—¡Letizia era guapísima! —me dice la antropóloga Silvia Lailson, que era editora en el diario *Siglo 21* y confidente de la reina por venir—. Cuando entró al diario se produjo un murmullo tenso. Ponía mucha tensión entre los hombres.

La futura reina escribía sobre bares, restaurantes, conciertos de rock, entrevistaba artistas.

—Ella vino a divertirse. No a hacer nada serio —agrega

Lailson—. En mi casa hacíamos fiestas, nos emborrachábamos, lo pasábamos bien. Lo que pasa es que en un momento se enamoró.

La reina, que hoy es señalada por la prensa cuando rompe el protocolo, desde joven se ha guiado más por sus impulsos que por el orden de una agenda. Un año después de haber hecho amigos en Colombia, Letizia Ortiz tenía el propósito de estudiar en México y un billete de vuelta a Madrid. Pero decidió improvisar.

Diego Petersen, otro editor del diario *Siglo 21*, recuerda que ella era parte de un grupo al que llamaban «los Muéganos», como a esos dulces mexicanos típicos de Puebla que están hechos a base de harina y almíbar y por ello siempre están pegados entre sí.

—Hacían todo juntos —me dice Petersen—: el sexo, la comida, la bebida, todo lo hacían en comunidad.

Luis Miguel González, quien fue pareja de Letizia en México, era parte de ese grupo de editores, periodistas y diseñadores.

—Digamos que era un grupo muy liberal. No en el sentido norteamericano del término —me dice González—, sino muy tolerante con el tema sexual o las drogas. La redacción era abiertamente gay, y tocábamos el tema de la inclusión mucho antes de que fuera un tema nacional.

Ocho años antes de casarse con Felipe de Borbón y entrar a la Casa Real, Letizia Ortiz se enamoró de un editor carismático en un diario progresista. En *Siglo 21*, la futura reina se sentía más cerca de su vocación que en una universidad.

—Solo le daba pena haber tenido que hacer publicidad de

cigarros —me dice la antropóloga Silvia Lailson sobre los días en que Letizia fue azafata en México—, porque ella tiene su lado intelectual y eso menoscababa su imagen.

Diego Petersen también la recuerda reafirmando la identidad que ella quería tener.

—Usaba lentes que no tenían aumento para parecer más intelectual —me dice Petersen—. Ella estaba hasta la madre de que todo el mundo viera nomás que estaba buenísima.

Un viaje sirve para desaparecer y reinventarse, y ese anonimato también era para Letizia Ortiz una excusa para convertirse en la persona que deseaba: quería que la escucharan como ella escuchaba a la periodista británica criada en Irán y experta en política internacional en CNN, Christiane Amanpour, su heroína de entonces, y que su belleza fuera un asunto secundario.

—México fue para ella un viaje chamánico —me dice el profesor Francisco Hernández, quien corregía las tareas de Letizia Ortiz en inglés—: Letizia vino a recargarse. Más que una fuga, su viaje fue un paréntesis en su vida, una autoprueba para empoderarse.

La reina que hoy se esfuerza por lucir perfecta creía desde joven en el trabajo como arma de emancipación. Después de estar seis meses en la universidad, se quedó en México para divertirse y experimentar. Pero, en el suplemento de ocio donde trabajaba, no era ociosa. «Tuve que llamar al editor para decirle que el ochenta por ciento de las notas estaban firmadas por esta mujer», dijo en una entrevista Jorge Zepeda Patterson, director de *Siglo 21*. Letizia Ortiz escribía tres veces más de lo que su editor podía publicar con su firma. Pero no le pidieron que dejara de trabajar, sino que firmara con seudónimo.

—Culturalmente era muy *clasemediera* —recuerda Luis Miguel González, su exnovio y editor de *Siglo 21* en Guadalajara—. Cuidaba mucho el dinero y trabajaba como quien no tiene garantizado llegar a fin de mes. En ese sentido, era una persona de España un poco más de izquierdas en su forma de pensar.

Letizia Ortiz se comportaba en México como quien encontró el trabajo de sus sueños y no quiere perderlo.

—Alguien de su situación socioeconómica hubiera acabado en un manicomio si a esa edad hubiese dicho «mi destino es ser princesa» —me dice González.

La vehemencia de Letizia Ortiz resultaba conmovedora y sexy a la vez.

—Era una mujer linda y con chispa en todo sentido —me había dicho sobre ella el pintor cubano Waldo Saavedra, quien la retrató en México con el pecho descubierto—. Uno sabe perfectamente cuándo se enamora.

En los retratos que Saavedra hizo de ella, donde aparece entre pinturas de Goya o con cuerpo de sirena, la futura reina es una diosa desnuda que en realidad nunca posó desnuda para el pintor, pero Saavedra al retratarla no pudo imaginar a Letizia de otra forma más que sin ropa. Era una reportera extrovertida y la mejor metáfora para describirla era la desnudez.

Hoy todos juegan a descifrar a la reina a través de sus vestidos, como quien busca respuestas en sus pliegues.

Fermín Bouza, su profesor de Opinión Pública y tutor, aún conserva tres folios en los que Letizia Ortiz se entrevista a sí misma.

—Yo le pedía que ejercitara su autoconocimiento —me dice Bouza—, y Letizia me entregó una historia fantástica.

En esa autoentrevista que el profesor le pedía hacer a sus

alumnos, Letizia se interrogaba a sí misma y se respondía tratándose de usted, como si ella fuese otra mujer.

Bouza recuerda que la futura reina se atormentaba cuestionándose sobre las tentaciones que una periodista como ella podía tener.

—Hablaba sobre los grandes hoteles, las grandes ciudades, las grandes cosas. Sobre los sueños juveniles de entrar en ese mundo desbordante. ¡La gran triunfadora profesional! —recuerda el profesor—. Pero su conclusión era que el auténtico mundo periodístico con satisfacciones no es ese: sino el mundo del trabajo bien hecho y de cumplir con la transmisión de la verdad.

La estudiante que en México firmaría con el seudónimo «Ada», y a la que años después sus compañeros de la televisión apodarían «la Ficticia», había desdoblado su personalidad para cuestionarse a sí misma en un trabajo de la universidad.

Hoy la reina convive con los grandes hoteles, las grandes ciudades, las grandes cosas.

Su profesor conserva la autoentrevista de Letizia Ortiz, pero me pide no citarla al pie de la letra.

—Letizia es muy guardiana de su privacidad —me advierte Bouza.

La reina vive custodiada por la Guardia Real. Pero su profesor de Opinión Pública sigue protegiendo a su exalumna del asedio a su intimidad.

Un lugar común cuando se habla de la reina, de su carácter imperativo, es imaginarla como una mujer osada y autosuficiente. Letizia Ortiz ha sido audaz en su juventud. Pero también fue obstinada en su búsqueda de cómplices que le ofrecieran seguridad. En Madrid, pidió ayuda a su profesor cuando necesitaba trabajo y una beca para salir del país. En México, pidió a una profesora que le presentara a editores cuando su objetivo era escribir en un periódico. Cuando entró como redactora en el diario *Siglo 21*, se enamoró de un jefe de redacción mayor que ella que la podía aconsejar. Ante la incertidumbre de sus primeros días como reportera de televisión, Letizia volvió con su novio profesor de literatura y se casó con él. Cuando se comprometió con Felipe de Borbón renunció al periodismo para aceptar un puesto vitalicio en la Casa Real.

—Cuando ves en lo que se ha convertido, pareciera que todo lo que pasó antes eran señales claras —me dice sobre la reina Luis Miguel González, quien fuera su pareja en Guadalajara—. Yo diría que era una persona normal a la que le ocurren cosas extraordinarias. Una chica familiar que [cuando estuvo en México] solo quería volver con su familia.

Eliseo García Nieto, su amigo de la agencia EFE, también la recuerda como una viajera arriesgada que siempre piensa en volver. Él estuvo de vacaciones en Guadalajara cuando Letizia vivía allí y la vio emocionarse ante una maleta que sus padres le habían enviado.

—Fue la única vez que la vi llorar —me dice García Nieto.

En la maleta había ropa, comida y cartas que Letizia leyó de inmediato. Su amigo conserva una servilleta de papel escrita con tinta roja donde dice que en Guadalajara bebieron, comieron y platicaron. Firmaron esa servilleta en un bar y Letizia agregó, con tinta negra y subrayado, «lloraron».

Hoy Letizia Ortiz, como reina de España, debe ser vista como la madre comedida de una gigantesca familia nacional. En México era una sentimental que añoraba a su familia y la vida en Madrid, pero tenía allí un novio del que le costaría despedirse.

—Él seguía casado —me recordó Olimpia Nájera, su anfitriona en Guadalajara—, pero estaba enamoradísimo de ella y ella de él.

La futura reina, que llegó a México buscando trabajo, no tenía un dilema laboral cuando decidió dejar ese país, sino un drama romántico. Sus familiares y amigos lo recuerdan como una telenovela: la esposa de su novio en México descubrió la infidelidad y Letizia debía decidir qué hacer: volver a España o quedarse con él.

Un año y medio después de haber llegado por primera vez a México, a Letizia la vieron regresar allí para visitar a su novio y volar a Acapulco, donde su antigua anfitriona la encontró de súbito en una discoteca.

—La invité a mi casa —recuerda Olimpia Nájera—. Pero me dijo que no podía, que estaba con él.

Era Año Nuevo y ambas venían de festejar. Olimpia Nájera estaba con su marido. Letizia Ortiz, según su amiga, iba del brazo de Luis Miguel González.

Podría haberse quedado en México con un hombre que arriesgaba su matrimonio por estar con ella, pero entre el riesgo de continuar con alguien casado y la seguridad familiar, la futura reina eligió volver a Madrid. «Estaba totalmente desubicada —dice David Rocasolano, el primo de la reina, en su libro *Adiós, Princesa*—. La primera decisión que tomó fue independizarse [de sus padres].» Después de un año fuera de su país, Letizia quería reconstruir su vida y decidió buscar al novio que la había acompañado desde la adolescencia para volver a empezar.

—Sus palabras fueron estas —me dice Eliseo García Nieto—: «Te juro que de aquí a tres meses Alonso está de nuevo conmigo». Y así fue.

Alonso Guerrero, el exmarido de la reina, dejó a su novia de entonces y se casó con ella.

—Letizia lo sentía de su propiedad —me dice su amigo.

Sería sintomático en su vida: Letizia buscaba aliados para transformarse en la mujer que deseaba ser como quien recluta cómplices para cumplir una misión.

Hoy el exmarido de la reina conserva un libro que Letizia le trajo de México, una antología en la que ella publicó su ensayo sobre entrevistas en profundidad. Otro recuerdo que Guerrero conserva de esa época es un viaje al Caribe.

El exmarido de la reina no conocía América y, como viaje de novios, Letizia le sugirió ir a Cuba.

—Estuvimos en La Habana y Varadero —me dice Guerrero—. Lo que hace cualquier turista.

Para su exmarido, el viaje a Cuba fue un tranquilo *tour* de pareja. Para Letizia Ortiz, cruzar el Atlántico siempre ha sido un ritual de paso, una ceremonia que propiciaba un cambio en su vida. Guerrero no regresó a América. Letizia se divorciaría de él poco tiempo después, cuando comenzó a trabajar como presentadora de noticias, y volvió a cruzar el océano tres meses antes de anunciar su boda con el príncipe Felipe.

Era otro de sus viajes de iniciación.

Otra vez se debatía entre un futuro deseado pero incierto, como suele ser el futuro ante las cámaras de televisión, o la seguridad vertiginosa de casarse con un príncipe y ser princesa en España.

En el verano de 2003, Letizia Ortiz aterrizó sola en la selva de Costa Rica.

—Estaba como triste y pensativa cuando yo la conocí —me dice Paulino Nájera, quien la hospedó en ese país y, por casualidad, tiene el mismo apellido de la familia que la había hospedado en México.

—Le pregunté si estaba enamorada o enferma —recuerda Nájera al teléfono.

Letizia era presentadora de noticias en la televisión pública de España y, por recomendación de unos amigos, fue a Costa Rica como una turista que quiere aislarse del mundo. Estaba en una región selvática y montañosa a sesenta kilómetros del océano Pacífico, en el sudoeste del país, donde sus habitantes más antiguos son los comuneros de la reserva aborigen Térraba, como su anfitrión Paulino Nájera.

La futura reina le dijo que estaba enamorada de un amor imposible.

—Era una mujer sencilla y avenida, con ganas de aprender —recuerda Nájera—. Tenía una forma bonita de ver la vida, sin temores.

La futura reina pasaría cuatro días en la selva, donde con su anfitrión hizo excursiones por el monte y durmió en la habitación de su hija menor. Fueron a visitar cuevas con petroglifos y, durante una travesía a caballo por la selva que la alejaba del mundo, Nájera recuerda que Letizia se aferró al cuello de una yegua que ella montaba, porque el animal se encabritó.

Su anfitrión la recuerda como una mujer aguerrida.

—Yo pensé que me iba a decir: «No monto más» —me dice Nájera—. Pero Letizia quiso seguir y seguimos.

Letizia pensó en él tres meses después de volver a Madrid, y lo llamó por teléfono para avisarle de que se iba a casar con el príncipe.

—Yo no estaba en casa cuando Letizia llamó —dice Nájera al teléfono—. Pero dejó dicho que, cuando llegara, pusiera la televisión.

A veces las circunstancias que parecen increíbles se vuelven más reales ante la sorpresa de un extraño. La reina había sido hasta entonces para Paulino Nájera una chica valiente que se aventuraba sola a lo desconocido. Nájera era para Letizia Ortiz uno de los últimos desconocidos que la trató sin ver en ella a la futura reina de España, y lo llamó por teléfono para anunciarle su boda. Quería que su anfitrión supiera que iba a casarse con un príncipe. Quería compartir el vértigo de quien está por saltar.

En un *e-mail*, ella habría escrito que estaba asustada. Un amigo que estaba en México también se había enterado de su casamiento y quería saber cómo se encontraba. Ella sentía que todo se le hacía muy pesado, muy fuerte, muy intenso, pero que iba a seguir adelante.

Hoy Letizia hace tiempo que no se escribe con amigos mexicanos. Su anfitrión en Costa Rica, en cambio, siguió conectado y conserva una foto en la que ella viste una camiseta de mangas largas sucia por el monte. Tiene los cabellos desaliñados, una media sonrisa, la cabeza ladeada, vaqueros y botas de campo. La familia Nájera la rodea y Letizia tiene sus manos sobre los hombros de la hija menor, quien le prestó su habitación en la selva. Al fotografiarse con ellos, Letizia sabía que les regalaba un retrato con la futura reina. Hoy Paulino Nájera exhibe esa imagen para promocionar sus recorridos turísticos. Dice que el caballo negro que aparece al fondo de esa misma foto es el que casi tumba a Letizia Ortiz. Era una yegua a la que, en su honor, llamaron *Princesa*.

Las cartas y las fotos viejas son registros incompletos de la persona que fuimos. La reina ha sido para los españoles la protagonista de un puzle al que le faltaban piezas. En una foto de ella que publicó el diario *El País*, Letizia aparece en un día de carnaval disfrazada de «cazafantasmas». Su vecino de Rivas-Vaciamadrid se la había dado a la prensa. Más tarde, apareció vestida con tutú en una clase de ballet y, después, la prensa inglesa la exhibió repartiendo cigarrillos en México, con un pañuelo rojo al cuello y botas de *cowboy*.

En España se preguntaban quién era esa mujer.

Nadie sabía qué marca de cigarrillos fumaba la reina por venir.

En la Casa Real, Letizia Ortiz también era un enigma.

Un día de noviembre de 2003, al periodista colombiano Guido Correa lo llamaron desde el Palacio de la Zarzuela para hacerle preguntas sobre Letizia.

Correa estaba en Colombia.

—Querían saber si yo guardaba algún secreto —me dice el reportero—. Era un hombre flemático y con una voz de mayordomo. Se lo notaba preocupado.

Letizia había estado en Colombia en 1994 y, diez años después, en la Casa Real de España había inquietud porque no sabían nada de ese viaje. Se enteraron de su aventura colombiana por un artículo que publicó Correa en el diario

El País de Cali, y querían cerciorarse de que el reportero no sabía nada más.

En una foto que ilustraba esa nota, Letizia aparece con un cigarrillo en la mano y sentada en el regazo de uno de los ocho amigos que la rodeaban.

—Solo era una jovencita en su aventura estudiantil, con noches de fiesta al otro lado del Atlántico —me dice Correa con tono comprensivo.

Ella debía lucir como princesa y en la Casa Real no querían noticias que arruinaran la imagen de una reina en construcción.

—Letizia era una líder —me dice la profesora María Elena Hernández de la Universidad de Guadalajara—. Y ahora la veo atrapada. Es como un pájaro hermoso en una jaula.

A quienes la conocieron cuando era estudiante les costaba imaginarla como consorte de un rey.

—No entiendo cómo entregó la vida de esa forma —me dijo Luis Fernando Ronderos, el director de la Universidad Autónoma de Occidente que la recibió en Colombia—. Era una niña con mucha energía. Y me sorprende que se haya dejado dominar por todo ese protocolo.

Ronderos la veía como una chica ingobernable y dueña de sus decisiones. En cambio, el profesor Fermín Bouza nunca vio en su exalumna a una chica rebelde frente a la autoridad.

—Letizia es la representación de una juventud fronteriza —me dice Bouza—, que vive apartada de la política, pero próxima a lo político. Con un pie en la era analógica y el otro en la de Internet. No representa a una juventud revolucionaria.

La reina había sido para su profesor una alumna inteligente que supo manejar a su favor la burocracia académica. Supo dialogar con la autoridad, pero sin aspirar a cambiar el sistema ni las instituciones. Aspiraba a ser parte de ellas.

Para su profesor no hay grandes diferencias entre Letizia y la reina Sofía.

—A Letizia no le interesa estar con la gente. Ese sentimiento de masas a ella no le gusta —me dice Bouza—. En ese sentido, Letizia es como Sofía. Una reina que fue respetada, pero que no ha querido ser querida. La diferencia es que Letizia no se ciñe a las reglas y aspira a que la vean de otra manera —insiste el profesor—. ¡Letizia es magnífica! Ha conseguido, sin pretenderlo, no que se hable de la monarquía, sino de ella.

Cuando volvió de Colombia, Letizia Ortiz le trajo a su profesor un jarrón de cristal azul Prusia con flores de papel como agradecimiento. Él la había ayudado con sus cartas de recomendación a viajar por primera vez a América Latina. Diez años después, cuando se casó con Felipe de Borbón, ella invitó al profesor a su boda.

—Letizia estaba tan emocionada que no podía ni hablar —me dice Bouza sobre el día de la boda real.

Hoy el profesor se enfada cuando critican a su exalumna y dice que él es *letizista*. Ella abandonó su profesión y el profesor de Opinión Pública no la culpa. Mientras los amigos que la conocieron republicana y agnóstica no le perdonan que haya renunciado a sus principios, su profesor ve en ella a una mujer que logró tener más atención que la propia monarquía. La reina es el miembro más mediático de la Casa Real, la soberana que rescató la imagen de la Corona después de un escándalo por un caso de corrupción de un cuñado balonmanista y un rey que cazaba elefantes en África; una mujer que desde joven aprendió a rescatarse a sí misma y se negó a que su destino fuera el olvido o la mediocridad. Otros profesores de ella hubiesen preferido que Letizia siguiera escribiendo ensayos sobre «prensa y poder», no que perteneciera al club de los poderosos. Pero todos coinciden en que si fundasen un partido político querrían tener a su favor la astucia, la seguridad en sí misma, la ética del trabajo y ese desparpajo de la reina.

La voluntad de no sonreír

El perdón de la princesa

Una tarde, en la Biblioteca Nacional de España, la reina Letizia me presentó ante el rey.

La pareja real había ido a la Biblioteca Nacional para inaugurar una exposición dedicada a otra mujer: santa Teresa de Jesús, la escritora y fundadora de las Carmelitas Descalzas que, en el siglo XVI, escribió enferma y vigilada hasta su muerte por la Santa Inquisición. Era el quinto centenario del nacimiento de la santa y unos religiosos, expertos en su literatura, esperaban en silencio saludar a los reyes. El saludo del monarca suele ser un acto solemne y reverencial. Felipe VI extiende su mano con la cordialidad distante de su estatus heredado. La reina Letizia, en cambio, luce incómoda cuando alguien se le acerca y hace ante ella una genuflexión. Doblar la rodilla en señal de reverencia evoca tiempos en que al rey se le adjudicaba un origen divino. La reina Letizia, formada en un oficio en el que desconfiar es un deber, a veces no parece tan cordial ante la mirada ajena.

—Este es el periodista que escribirá todo bien sobre nosotros —dijo la reina a Felipe VI en la Biblioteca Nacional, y levantó su dedo índice.

El rey rio echando su cabeza hacia atrás desde su metro noventa y siete de estatura.

—¿Escribes sobre nuestro trabajo? —preguntó el rey—. ¡Qué aburrido!

Felipe VI improvisó un chiste como si así alivianara el guiño de advertencia de la reina.

Ella parecía más la periodista incisiva que desde joven quiso ser que una soberana indulgente como su suegra, la reina Sofía.

Días antes, en el Senado de España, la reina Letizia había dado un discurso de tres minutos sobre investigación científica y enfermedades raras. No dijo mucho más.

Cuando supo que estaba escribiendo sobre ella, me respondió con una pregunta.

—¿Bien o mal?

En la Biblioteca Nacional de España y rodeada de libros de santa Teresa de Jesús, la reina quería asegurarse ante el rey de que no se daría una mala imagen de ella. Felipe VI, en cambio, parecía impermeable a cualquier maledicencia. Es un hombre con ademanes religiosos más cercanos a la curiosidad benevolente que a una cortesía mecánica. Reinar sigue siendo un artificioso acto de fe. La reina pareciera no respetar esos formalismos, aunque su estilo no parece tanto un producto de su rechazo consciente a la autoridad como el resultado de una convicción o un carácter. Una predisposición a rebelarse contra cualquier exigencia de sumisión.

—Letizia siempre tuvo una necesidad brutal de control —me había dicho su amiga de la agencia EFE—. Lo paradójico es que ella quiere controlarlo todo. Pero es incapaz de controlarse a sí misma.

En la Biblioteca Nacional de España, ante la autoridad del rey, la reina parecía regirse como una autoridad en sí misma, más allá de lo que dictase cualquier sacrosanta institución.

A la reina la habían criticado por demostrar en actos públicos una actitud no habitual en reyes del siglo XV. En el verano de 2013, asistió a una misa en homenaje a Juan de Borbón, el abuelo de Felipe VI, y al ver su actitud poco solemne en la ceremonia, la prensa más conservadora la reprobó. «La princesa Letizia ni comulga ni hace la reverencia», tituló la revista del corazón de *El Confidencial,* un portal con seis millones de lectores. En 2017 volvieron a criticarla cuando no se persignó en el funeral de Alicia de Borbón, una tía de Juan Carlos I. El portal *Info Vaticana* tituló: «Letizia y su incapacidad absoluta para santiguarse». Las reverencias son para la reina como una película antigua que ella prefiere no mirar. Ese mismo año se presentó en una misa del Año Jubilar en Murcia con una falda por encima de las rodillas, y el diario *El Nacional* anunció: «Letizia sigue poco protocolaria enseñando las piernas en la iglesia». Era un reproche fuera de tono, pero no desmedido. La historia de la monarquía ligada a la religión es la historia de una misma moral.

La reina Letizia sigue siendo insumisa ante los protocolos de la fe. En la primavera de 2018, el diario *El Mundo* publicó un artículo titulado «Letizia, la reina que no nos merecemos». Días antes en la catedral de Mallorca, luego de la celebración de la misa de Pascua, la reina Sofía quiso fotografiarse con sus nietas, pero la reina Letizia se atravesó ante la cámara y lo impidió. Varios teléfonos móviles la estaban grabando y el vídeo se hizo viral. Letizia no quería que sus hijas, la princesa Leonor y la infanta Sofía, se retratasen con su abuela. La prensa habló de inmediato de una reina impertinente, impulsiva, irrespetuosa, torpe.

—Aquí no hay trampa ni cartón —me había dicho Henar Ortiz, la tía de la reina—. Ella siempre ha sido así: necesita saberlo todo. Pero su ansiedad inquieta a quienes la rodean y eso la hace dudar aún más. Y, al recelar de todo, ella también lo pasa mal.

Según su tía, la reina es víctima de sus propias manías.

Un amigo y excompañero suyo en Televisión Española me explicó después que la reina tenía otros motivos, además de su carácter controlador, para enfrentarse con su suegra.

—Ella sobreprotege a sus hijas —reconoció su amigo—. No quiere que les tomen fotos en actos que no sean oficiales y mucho menos en una iglesia —aclaró—. Letizia quiere que sus hijas den una imagen laica y tiene un acuerdo con su suegra. Pero la reina Sofía no lo cumplió.

Los desacuerdos entre suegras y nueras son un tópico que no llama la atención. Salvo cuando son dos reinas las que se enfrentan. En un mundo donde los reyes deben crear una imagen de distancia divina, la reina Letizia representa la actitud de una sociedad que hoy dedica menos tiempo a rezar. En la Biblioteca Nacional de España, cuando me presentó ante Felipe VI, la reina quería pactar que no se publicarían críticas hacia ellos. En la catedral de Mallorca, le recriminó a su suegra incumplir un pacto: no posar con sus hijas en un templo religioso. La Biblia dice en una epístola a los hebreos que «la fe es la sustancia de las cosas que se esperan, la demostración de lo que no se ve». La reina que se crio en la incredulidad del oficio de informar prefiere pactar cuando le piden confiar. Prefiere que su vida no dependa de un poder superior. Los protocolos la incomodan, la falta de certezas la perturba. Un pacto que se rompe puede ponerla frenética.

Cuando se comprometió con Felipe de Borbón y anunciaron su boda en la catedral de la Almudena, en Madrid, desde la Iglesia católica le exigieron a Letizia Ortiz dar muestras de su fe. La reina es la primera reina de España divorciada. Ella se había casado antes en una ceremonia civil y le pedían dar explicaciones sobre su pasado. Quería casarse con el príncipe Felipe en una catedral, pero antes debía comprometerse con Dios. Federico Aznar, decano de Derecho Canónico de la Universidad Pontificia de Salamanca, dijo que, antes de oficiar la boda real, el arzobispo de Madrid tenía que interrogar a la novia.

«¿Qué la indujo a contraer matrimonio anteriormente por lo civil?»

Le preguntaría el arzobispo.

«¿Por qué quiere ahora contraer matrimonio canónicamente?»

Letizia debía responder.

Antes de casarse en una ceremonia religiosa, todas las parejas se someten a un examen de conciencia ante un sacerdote. En el caso de Letizia Ortiz, la Iglesia quería saber si era digna de otra institución que no se entiende bien con las dudas, como la monarquía. Según el decano Aznar, era necesario confirmar que para ella la boda era «una opción seria —dijo—. Que no se trata de un fraude a la ley». El experto en Derecho Canónico no solo desconfiaba de su formación como cristiana, también desconfiaba de su honestidad.

Entre familiares y compañeros de trabajo de Letizia Ortiz circulaban anécdotas sobre el desinterés de ella hacia los ritos religiosos.

José Infante, un guionista y compañero suyo en la televisión pública de España, recuerda una transmisión de Letizia Ortiz sobre temas religiosos y dice que, al concluir, sus jefes le recriminaron haber cometido errores.

—Letizia se justificó diciendo que la religión no le interesaba —me dice Infante—. Dijo que sus padres la habían educado sin ninguna formación religiosa, y que ella era agnóstica.

Letizia había sido bautizada en Oviedo, la ciudad donde nació, y donde también recibió la primera comunión, pero su apego por la religión siempre fue circunstancial.

—Es lo que se llama una «católica de eventos» —dijo Henar Ortiz, la tía de la reina, en una entrevista—. Está bautizada y recibió una educación católica al uso. Que yo sepa, iba a algunas bodas.

Agnóstico es quien no niega la existencia de Dios, pero condiciona su creencia a pruebas que la demuestren o la refuten. La reina, ante su familia y sus compañeros, se mostraba como una escéptica que necesita ver para creer.

—Letizia era republicana y la más renegada de nuestro grupo —recuerda su amiga de la agencia EFE—. No era nada espiritual. El tipo de persona que solo cree en lo que puede ver y tocar.

Alonso Guerrero, su exmarido escritor y profesor de literatura que la conoció en un instituto de Madrid, más de una vez se declaró en público como un enemigo de cualquier dogma que no fuera literario.

—Yo siempre me he opuesto a todo lo que está lejos de mí —me dice Guerrero—. Un escritor tiene que ser contestatario. Y yo tengo un escepticismo radical.

Letizia Ortiz saltó de su escepticismo juvenil a un mundo donde la esperaba una demanda de fe. «Había pasado de estar casada con un hombre republicano, ateo, anticapitalista y bohemio, a estar a punto de casarse con un segundo marido que representa aquello que Alonso —su expareja— despreciaba», resumió Andrew Morton, el biógrafo de Lady Di, en su libro *Ladies of Spain*.

Alfredo Urdaci, exjefe de Letizia Ortiz en Televisión Española, cree que el carácter insumiso de la reina ha sido usado de manera injusta para criticarla, y en 2015 la defendió en una entrevista de *Vanity Fair*.

—Era una mujer tremendamente conservadora en lo concerniente al matrimonio —advirtió Urdaci—. A veces caemos en la ligereza de pensar que alguien divorciado es liberal.

Para su exjefe, la reina era una mujer castiza y juzgada injustamente como transgresora.

Para la Iglesia, su boda con Felipe de Borbón era un desafío al derecho canónico.

Hoy la reina representa —o debe representar— a un Estado aconfesional. Es decir, que en España ninguna religión debe considerarse oficial y, por ello, el presidente de Gobierno y el monarca no juran su cargo ante una Biblia, sino ante la Constitución. Como lo hizo el príncipe Felipe en 2014, cuando fue proclamado rey, en un acto sin símbolos religiosos, acorde a un país que es el tercero en Europa con mayor abandono del cristianismo y, según una encuesta de 2017 del Pew Research Center, en el cual más del sesenta por ciento de la gente no cree en Dios o cree pero con dudas, y el setenta y cinco por ciento es partidario de separar la Iglesia del Estado. Sin embargo, después de la proclamación de Felipe VI, el primer viaje oficial de los reyes fuera de España fue al Vaticano, donde recibieron la bendición del Papa, igual que sus antecesores.

Cumplir con las exigencias de la Iglesia no era para Letizia un requisito menor. No era una sugerencia. Ni una excepción. En un país que ha sido creado por reyes católicos en el siglo XV, se espera que las reinas obedezcan la tradición.

La reina Sofía, hija de los reyes de Grecia y suegra de Letizia, fue bautizada en la Iglesia ortodoxa griega y se casó en dos ceremonias diferentes con Juan Carlos de Borbón: una griega y otra católica, para cumplir con las exigencias del país donde iba a reinar. Antes de hacerlo, en la familia real de España la llamaban «la Hereje». Su antecesora, la británica Victoria Eugenia de Battenberg, bisabuela de Felipe VI, llegó a España siendo anglicana y, antes de contraer matrimonio con Alfonso XIII, se resistió a bautizarse en una iglesia católica, pero le exigieron la conversión. Letizia Ortiz prefiere que la religión solo se practique en la intimidad. Pero creer en el rey implica creer en Dios y una reina que duda no transmite confianza, ni eleva los índices de popularidad. De hecho, en el siglo XXI todas las mujeres plebeyas que se casaron con un príncipe debieron convertirse al credo practicado por la mayoría en el país que iban a representar.

Máxima de Holanda creció en Argentina como católica y para ser aceptada en los Países Bajos se casó con el príncipe Guillermo en una ceremonia protestante. Mary Donaldson, futura reina de Dinamarca, se casó con el príncipe Frederik en una ceremonia luterana y renunció al credo presbiteriano que había practicado en Australia. La sudafricana Charlène Wittstock se crio bajo el dogma protestante y renunció a esa fe para casarse en una ceremonia católica con Alberto de Mónaco, y así aseguró la sucesión al trono a los hijos que tuviese con él. La conversión de una princesa es un acto de fe, pero también un pacto de conveniencia. Meghan Markle, esposa del príncipe Enrique de Inglaterra, asistió a un colegio católico en Estados Unidos y debió bautizarse por la Iglesia anglicana para ser parte de la familia real.

Letizia Ortiz debía responder ante un arzobispo, en Madrid, a la pregunta de por qué, habiéndose casado antes por lo civil, quería casarse con el príncipe en una iglesia católica.

Uno de los presentes recuerda que Letizia fue breve al contestar.

—He visto la luz —habría dicho la futura reina—. Cuando conocí a Felipe, vi la luz de la fe católica.

Eso bastó para demostrar su renovada devoción.

Hoy algunos de sus familiares y amigos piensan que su compromiso con el príncipe Felipe desafió más a su propia moral que a las leyes del catolicismo.

—Ha dado vuelta sus principios uno a uno —me dice su amiga de la agencia EFE—. Letizia era la primera que se cagaba en Dios y se ha puesto la mantilla para ir a ver al Papa.

David Rocasolano, el primo de la reina que era muy cercano a ella y escribió un libro exponiendo su intimidad, tampoco recuerda haber visto antes a su prima en un acto de contrición.

—Te quedas a cuadros. No sabes qué decir —me dice Rocasolano—. Ver a una persona agnóstica como ella ir a una iglesia y rezar es alucinante. Es el paradigma de esta sociedad hipócrita.

El primo de la reina había revelado en su libro *Adiós, Princesa* que Letizia Ortiz se sometió a un aborto en la misma época en que conoció a Felipe de Borbón, a mediados de 2002, y le resultaba hipócrita que luego ella hubiera comulgado con una institución que está en contra del derecho a abortar.

Según su primo, Letizia Ortiz y el príncipe Felipe le habían pedido a él que hiciera desaparecer todas las pruebas de ese embarazo interrumpido de una clínica abortista de Madrid.

—Si esto lo sabe la madre de Felipe —dice Rocasolano en su libro que le advirtió su prima—, la boda es inviable.

La reina Sofía y la Iglesia católica no hubiesen consentido que la futura reina, además de ser divorciada, hubiera abortado.

—Hay que respetar a toda criatura viviente —dice la reina Sofía en el libro de Pilar Urbano *La reina muy de cerca*—. Y estar por la vida no es ser retrógrado. Ni es solo cosa de los cristianos. Es seguir la ley natural.

Letizia Ortiz había caído en un limbo legal.

La ley española dice que el aborto es lícito desde 1985. La ley de la Iglesia, en cambio, considera el aborto un sacrilegio penado con la excomunión. Es decir, que quien aborta es expulsado de la comunidad de fieles y excluido de sacramentos como el matrimonio.

La reina no era una rebelde, ni mucho menos una apóstata. Era una mujer preocupada por conciliar su pasado con las exigencias de la Casa Real y la Iglesia. Su primo, David Rocasolano, debía asegurarse de que no quedaran pruebas que pudiesen frustrar la boda entre ella y el príncipe. Debía retirar de una clínica abortista toda la documentación que llevase el nombre de Letizia Ortiz, y hacerla desaparecer. Ser una mujer divorciada que se casó por civil era su estigma señalado por la prensa. Pero no era su mayor preocupación.

«Letizia no es tonta —dice el primo de la reina en su libro— y sabía, como yo, que el problema más grave era la Iglesia.»

A la futura reina Letizia le pedían ser formal, cuando para ella los bautismos, bodas y comuniones eran más celebrados como una fiesta familiar que con la solemnidad de un sacramento. Hoy la joven a la que cuestionaron su fe cuando quiso ser princesa acepta vivir en un mundo apegado a la tradición. Pero actúa con la seguridad de quien se crio pensando que las normas pueden cambiar, y que ella, además, puede ser la artífice de ese cambio.

El lunes 18 de septiembre de 1972, en el Registro Civil de Oviedo, al padre de la reina le dijeron que no podía inscribir el nombre de su primera hija. Tres días después de su nacimiento a la futura reina le prohibían llamarse «Letizia». Durante la dictadura de Franco la ley no permitía el registro de nombres propios que no figurasen en el santoral. Jesús Ortiz solo podía elegir para su hija nombres como Dolores, Catalina, Angustias. No había ninguna santa que hubiera llevado el nombre «Letizia». «Letizia» no era una santa. Era el nombre de una amiga italiana de Paloma Rocasolano, la madre de la reina, y ella quería que su primera hija se llamase igual. Un nombre propio es la extensión de la historia de una familia y parte de una identidad. A Letizia Ortiz la llamarían «la Ficticia» en la televisión pública de España por sus fantasías de grandeza. Le dirían «Letizia con Zeta» cuando ella insistía en el diario *La Nueva España* de Oviedo en reafirmar su originalidad. A la madre de la reina le encantaba la sonoridad en la última sílaba: «Le-ti-zia». A su padre le dijeron en el Registro Civil que el nombre Letizia solo podía autorizarlo un obispo.

Cuando a Letizia Ortiz le pidieron someterse a un interrogatorio ante el arzobispo de Madrid para casarse con Felipe de Borbón, no era la primera vez que una norma de inspiración religiosa se interponía en su camino. Ella no tuvo partida de nacimiento en sus primeros días de vida, porque en su familia se negaban a llamarla con un nombre aprobado por la Iglesia. Fue una niña con un nombre prohibido hasta que su padre se enteró de que en el sur de Italia se rendía culto a la Virgen María bajo el nombre de otra mujer: Madonna della Letizia. Eso bastó para que un obispo de Oviedo diera su autorización. Hoy el nombre de la reina sigue sin ser un nombre bíblico. No aparece en el santoral. Pero figura en los libros del Registro Civil gracias a la insistencia de su papá.

Los libros que Letizia Ortiz ha leído y la perseverancia de su padre han sido cruciales en su formación. Jesús Ortiz, el padre de la reina, ha perdido gran parte de su biblioteca en mudanzas entre Oviedo y Madrid. Pero un día que lo visité en Madrid me dijo que siempre conservó dos obras completas: el teatro de Shakespeare y la poesía anticlerical y mística de León Felipe.

—Son libros que siguen conmigo y, de vez en cuando, releo —me dijo Jesús Ortiz en un despacho de la agencia de comunicación donde él trabaja. No había libros a la vista. Pero el padre de Letizia recitó de memoria el final de su poema más leído.

La palabra es un ladrillo [...] —entonó Ortiz—.

Para tirárselo a Dios, con la fuerza de la blasfemia o de la plegaria.

Y romperle la frente... a ver si dentro de su cráneo
está la Luz o está la Nada.

Era el poema de León Felipe «La palabra», del libro *El ciervo*.

—Es uno de mis libros, no sé si de cabecera —dudó Ortiz padre—, pero sí de amor.

Otro de los poemas de León Felipe que Ortiz padre relee dice:

Dios que lo sabe todo
es un ingenuo
y ahora está secuestrado
por unos arzobispos bandoleros.

El señor que insistió ante un obispo en llamar «Letizia» a su hija fue un joven casado por la Iglesia que leía a un místico rebelde. Letizia Ortiz sería una joven que, como su padre, elegiría la vocación de desconfiar al convertirse en periodista.

Los Ortiz eran creyentes a los que no siempre les apetecía comulgar. Respetaban más la libertad de pensamiento que el dogma de la culpa y el perdón.

—Digamos que somos personas con amplitud de miras —me dijo el padre de la reina en su despacho—, personas sin complejos.

Henar Ortiz, la tía paterna de la reina, tiene recuerdos similares a los de su hermano.

—Éramos muy indisciplinados con todo lo que exigía la sociedad —recuerda Henar Ortiz—: pasábamos olímpicamente. Nuestra gran referencia fue nuestra abuela paterna. Ella era republicana y católica. Pero tenía sus reparos con la Iglesia.

La religión, en su familia, no fue para todos de práctica habitual.

La familia de la reina no se santiguaba a menudo ni doblaba sus rodillas para entregarse al fervor divino o para pedir misericordia a Dios.

Cuando ella quiso formar su propia familia con Felipe de Borbón, las pruebas de su aborto habían desaparecido. No había evidencias que pudiesen perjudicarle. Pero no solo ella se exponía al escrutinio público. Los medios más ávidos de melodrama apuntaron hacia sus parientes. Dijeron que su padre, que también se divorció, vivía con una mujer con la que no estaba casado. Dijeron que la menor de sus hermanas vivía con su novio con quien tenía una hija, y hablaron de la primera sobrina de Letizia «nacida fuera del matrimonio».

De su tía paterna, Henar Ortiz, dijeron que era madre soltera, y cuando ella misma declaró ser republicana, los medios la llamaron «la tía hippie».

—Letizia me ha dicho: «Tía, lo siento» —recuerda Henar Ortiz—, porque fue su culpa habernos metido en todo este lío mediático.

Como periodista, Letizia Ortiz actuaba ante una cámara con el tono aséptico de quien anuncia noticias con imparcialidad. Como prometida de Felipe de Borbón, ella y toda su familia debían impostar corrección. Debían cumplir con lo que se esperaba de la futura familia política del rey.

Jesús Ortiz, el padre de la reina, se casó con su novia dos meses antes de la boda real y esperaba ir con ella como un matrimonio al casamiento de su hija. Pero la Casa Real consideró inconveniente que la madrastra de Letizia Ortiz posara en la misma foto de boda que Paloma Rocasolano, su madre.

Hoy la foto de la boda real recrea una ficción: Jesús Ortiz posa junto a su exesposa como si aún estuviesen casados.

«No es que empezara a cambiar nuestra vida —dice David Rocasolano en *Adiós, Princesa*—. Es que empezamos a cambiar nosotros.»

Para casarse con Felipe de Borbón, Letizia debió ocultar la verdad. Le pidió a su primo que hiciera desaparecer los documentos de su embarazo interrumpido. Pero algunos pensaron que la futura reina era la modelo perfecta para representar a la monarquía y a una Iglesia desprestigiada.

«En una época de sequía secularizadora, la conversión de la princesa de Asturias es una perla para la Iglesia católica», publicó José Manuel Vidal, cronista de temas religiosos del diario *El Mundo*. «La presencia en Roma de Letizia Ortiz —dijo— es un auténtico *spot* publicitario para el catolicismo.»

Letizia Ortiz viajó a Roma tras casarse con Felipe de Borbón y se presentó como princesa ante Juan Pablo II. Diez años después, volvió al Vaticano y se presentó ante el papa Francisco como reina. Ella nunca se comportó como una devota que se siente culpable, pero su boda hizo pensar a miles de españoles que la Iglesia católica conservaba la capacidad del perdón.

Años después, quien sintió culpa fue el primo de la reina. «No me sentía nada cómodo», dice Rocasolano en su libro sobre el día en que el príncipe y Letizia le pidieron borrar los rastros de un aborto. «Felipe estaba traicionando al rey y a la reina. Estábamos dando un pequeño golpe de Estado, íntimo y muy arriesgado.» Hoy el primo de la reina piensa que el arzobispo de Madrid casó a una futura reina de España que, por haber abortado, estaba excomulgada. Y se lamenta: «Siempre pensé que este tipo de situaciones se resuelven de otra manera». La otra manera que Letizia Ortiz tenía de conciliar su pasado con la moral religiosa era confesar un aborto a un arzobispo en Madrid y arriesgarse a esperar que la Iglesia la absolviese.

Letizia prefirió no confiar.

Ser reina exige ser firme al tomar una decisión.

Cuando era periodista, a Letizia Ortiz le gustaba verse a sí misma como una estratega que seduce con su capacidad de persuasión, como una líder que, para progresar, sabe hacer de su causa propia una causa común. Alguien que no acepta negativas por respuesta. Cuando necesitaba un cómplice para evitar que la juzgasen, le pidió a su primo poner en riesgo su propia integridad y, aun así, su primo obedeció.

Catorce años después de casarse con el príncipe Felipe, Letizia sigue desconfiando de quienes pueden juzgarla. Como aquella tarde en la Biblioteca Nacional de España, cuando en una exposición sobre santa Teresa de Jesús me presentó ante el rey con una sentencia: como el periodista que escribiría «todo bien» sobre ellos. La reina cuya única doctrina había sido la desconfianza del periodismo no renuncia a su origen. Respeta más sus intuiciones que el sentido religioso del deber o el temor a Dios.

Cuando se habla de la reina, de su actitud poco diplomática, la referencia es inmediata: dicen que es demasiado impulsiva para ser la esposa de un rey. Una mujer ansiosa que dice lo que piensa en un mundo donde la vida consiste en aparentar. Esa tarde en la Biblioteca Nacional de España, entre libros expuestos de santa Teresa de Jesús, la reina que esperaba escuchar que escribiría «todo bien» sobre ella y el rey se quedó en silencio, con esa tensión muda de quien sin haber hecho una pregunta exige una respuesta.

No era una pausa cómplice.

—Todo bien —repitió—, ¿no?

Felipe VI solo quiso saber qué me había parecido la exposición.

Era un homenaje a una santa rebelde y maltratada. En la Biblioteca Nacional se exponían libros, grabados, códices y pinturas del siglo XVI bajo chorros de luz que los hacían ver como tesoros hallados en el fondo del mar después de un naufragio.

Minutos antes, la reina y el rey se habían reclinado para observar manuscritos de esta mujer que se rebeló en su época contra la corrupción de la Iglesia, y escribió sobre alucinaciones y temblores: experiencias místicas que la dejaban más cerca del éxtasis que del padecimiento, más cerca de la hoguera que de la santidad. En el siglo XVI, el nuncio en España del papa Gregorio XIII había dicho de ella que era una monja «inquieta, andariega, desobediente y contumaz». Pero, aun así, fue beatificada treinta años después de su muerte por la misma Iglesia inquisidora que la había perseguido. Siempre hay algo macabro en el tránsito de los mártires que pasan de la condena a la redención. Al rey Felipe VI le dije que me había intrigado la única obra de un artista vivo que había en la sala, una instalación que parecía una celda. O la habitación minúscula de un convento.

Era un zulo diminuto con suelo de piedra y una ventana

que simulaba el lugar donde escribía Santa Teresa en sus días de reclusión. La reina, que suele ser estridente, se había acercado en silencio. Había un libro sobre un zócalo. Una luz lechosa envolvía el maniquí de una monja con hábitos marrones, la cabeza cubierta, las manos cruzadas en señal de recogimiento. Ese espacio silencioso frente al que se detuvo la reina intentaba remedar la soledad y la austeridad de la vida monacal en el siglo XVI. Una época en que los conventos, y a veces los palacios, habían sido para las mujeres más que un sitio de reclusión: un lugar donde evadir la obligación del matrimonio y escribir sin distracciones.

La reina Letizia siempre quiso escribir. Teresa de Jesús cuestionó la moral de su propia Iglesia desde el convento donde estaba confinada, como antes lo había hecho otra religiosa, Teresa de Cartagena, quien escribió *Arboleda de los enfermos y Admiración de las obras de Dios*, los primeros ensayos en castellano firmados en el siglo XV por una mujer y, a la vez, los primeros concebidos en España con una conciencia feminista.

Había algo liberador en el cautiverio. Simone de Beauvoir dice en su libro *El segundo sexo* que «la vida conventual hace que la mujer sea independiente del hombre», y también dice que «las reinas, por derecho divino, y las santas, por sus brillantes virtudes, se aseguran en la sociedad un reconocimiento que les permite igualarse a los varones». Hoy las mujeres más recordadas de la historia de España son monjas y reinas que pudieron elegir: el cargo que querían ocupar, el hombre con el que casarse, el lugar donde vivir, su estado civil. En el siglo XV, la reina Isabel de Castilla eligió casarse con Fernando II de Aragón y no solo unió esos dos reinos tras imponerse con un golpe de Estado: apoyó la brutal limpieza étnica y religiosa de la Inquisición, recuperó territorios del dominio musulmán y extendió hacia América el reino de España. En el siglo XXI, la reina Letizia es la primera reina divorciada y plebeya, y se casó por decisión propia con Felipe de Borbón. Tal vez por eso algunos vieron en ella un espejismo de cambio y modernidad en una institución anacrónica como la monarquía.

—Había muchas expectativas sobre Letizia —me dijo Anna Caballé, autora de *El feminismo en España*—. A nosotros no nos emociona la reina más perfecta del mundo. Sí nos emocionaría una mujer que desarrollase su espacio y Letizia se ha impuesto. Tiene una imagen de mujer dominante. Pero ella solo domina su entorno familiar.

A la reina Letizia le dicen «Jefa» en un sistema patriarcal, en el que ninguna mujer puede reinar si en su familia hay un heredero varón. La cuestionan por su actitud poco cristiana, aunque ella aceptó el sacramento del matrimonio y recibió en el Vaticano la bendición del Papa. La reina quiere que sus hijas den una imagen laica, pero, después de enfrentarse con su suegra para que no se fotografiase con ellas en una catedral, la mayor de sus hijas, la princesa Leonor, acató la decisión del rey y a sus doce años hizo su primera presentación oficial en un templo religioso de Asturias. Si Felipe de Borbón se hubiese casado con una marquesa que siguiera la tradición, todo habría sido igual pero con menos ruido. La reina que prefiere no persignarse en público no pudo impedir que su hija lo hiciera frente a las cámaras de televisión.

Hoy, en España, tres de las mujeres más citadas como iconos históricos siguen siendo una reina católica y dos monjas que, en el siglo XV y XVI, cambiaron desde dentro la institución que eligieron representar. De la reina Letizia, dicen que cuatro años como consorte es poco tiempo para juzgarla. Pero ella podría unirse a la lista de mujeres que han sido redimidas en su país por las mismas instituciones que antes las cuestionaron. Letizia Ortiz pasó de ser la novia plebeya y divorciada del príncipe, inaceptable para una monarquía, a ser la mujer que por su aspecto y origen modernizaba esa misma institución. Teresa de Jesús fue beatificada tras ser perseguida por la Inquisición, y sus libros fueron salvados de la hoguera por el rey Felipe II de España, a quien sus adversarios de la Iglesia protestante llamaban «despiadado» y «criminal». Era un inquisidor. Pero sus súbditos de la Iglesia católica lo apodaban «el Prudente».

A Felipe VI, por su carácter conciliador, lo han llamado «el Sereno».

A la reina Letizia le dicen «Jefa» por su vehemencia.

La vehemencia de la reina es una forma de ser sincera. La prudencia es una forma de ser hipócrita y también un escudo protector. Para casarse con Felipe de Borbón, Letizia Ortiz tuvo que suspender su vehemencia y adoptar ante la Casa Real y la Iglesia un gesto de humildad.

En la Biblioteca Nacional de España, cuando me presentó ante el rey como el periodista que escribiría «todo bien» sobre ellos, el gesto de la reina era desafiante.

—Cuando publiques tu trabajo nos lo enviarás, ¿no? —me preguntó la reina antes de despedirse. Y advirtió—: Te leeremos.

El rey, prudente, sonrió.

Las ganas de ser normal

Hay en Letizia Ortiz un hartazgo indisimulable por tener que comportarse como una reina las veinticuatro horas. No solo en algunos actos oficiales donde rompe el protocolo, sino cuando pretende preservar sus momentos de privacidad en noches de copas, conciertos masivos o en el cine.

Una tarde de 2014, cuando Letizia y Felipe aún eran príncipes, fueron al cine con sus hijas y, antes de que comenzara la función, un niño les pidió fotografiarse con ellos.

—Ahora no podemos —le dijo Letizia—. No estamos trabajando.

De la familia real se espera que actúe como si estuviese siempre en un acto oficial.

La reina, en su intento de cuidar sus momentos de privacidad, a veces reacciona con torpeza. Como si no le importara ser mirada como una reina, como un miembro de la monarquía que debe cuidar las formas.

Ante el estereotipo de reina obligada a la discreción, la reina se comporta como si cada tanto cerrara los ojos y planeara mientras duerme una monarquía en la que no existe el compromiso de sonreír. Ni el requisito de comportarse con entereza. Ni la exigencia de representar valores fundamentales. Cuando no está en un acto oficial, la reina espera que la gente actúe como si ella no estuviese ahí. Sin pensar que la desilusión de un niño puede transformarse en una desilusión masiva.

El día en que se negó en un cine a fotografiarse con un niño, la reina había ido a ver con su familia una película de animación, *Las aventuras de Peabody y Sherman*, cuyos protagonistas hacen viajes en el tiempo a momentos clave de la humanidad, como la Guerra de Troya, el reinado de Tutankamón o la Florencia renacentista de Leonardo da Vinci. Antes de que comenzara la función, el príncipe Felipe se acercó al niño y se disculpó. Le dijo que si se tomaban una foto con él los demás niños también querrían una, y que ese día estaban allí para ver una película. Fue una forma de excusar a su esposa. Pero en la oscuridad del cine, cuando los personajes de la película llegaron en su máquina del tiempo a los días de la Revolución francesa, en que la gente clamaba por una república y una sociedad igualitaria, los espectadores en la sala se unieron entre risas al coro antimonárquico: «¡Abajo la monarquía!».

Frente a una película de viajes al pasado, Letizia les había hecho vivir a los espectadores un viaje al futuro, donde la reina se cansa de interpretar su papel y no acepta una tradición que no respeta sus momentos de ocio en lugares públicos. Aunque se lo pida un niño.

No era la primera vez que la reina exigía privacidad, aunque su trabajo consista en representar a todo un país. Años antes, en Mallorca, había posado ante la prensa con la familia del rey cuando una periodista la interrogó.

—¿Cómo está pasando sus vacaciones?

Letizia respondió.

—¿Tú crees que esto son vacaciones?

La gente cree que la vida de una reina consiste en saltar de un acto de beneficencia a otro, de una gala en un palacio a una entrega de premios, donde solo debe saludar y sonreír.

Cada verano la familia real sonríe para la prensa bajo el sol de la isla de Mallorca y posa con la actitud ligera de quien se pone unas chancletas y se prepara para ir a la playa. Es parte de un rito social que consiste en actuar sus días de descanso ante docenas de cámaras que les apuntan. Felipe de Borbón se crio en esas rutinas de ocio fingido.

El rey, de adolescente, veía películas en la sala de cine del Palacio de la Zarzuela, y cuando quería ir a un concierto debía elegir uno que no fuera masivo para garantizar su seguridad.

—Nosotros éramos muy bailones —me dijo Victoria Carvajal, quien fuera el primer romance de la adolescencia del príncipe.

El futuro rey posaba con sus padres en Mallorca y luego iba con sus amigos al puerto deportivo para salir a navegar y, ahí mismo, por la noche, bailaban. Con Carvajal y otros colegas, el príncipe había hecho sus primeras salidas en manada. Aunque no siempre podía seguir al grupo.

Cuando los Rolling Stones tocaron por segunda vez en España, el príncipe tenía catorce años y quiso pero no pudo ir a ese concierto porque había demasiada gente. Tuvo que esperar un año más a que llegara una banda con menos público. El ocio era para él una ficción familiar o un deseo contenido por las exigencias de su propia seguridad. Dire Straits fue su primer recital.

A la reina Letizia le fastidia fingir unas vacaciones.

La reina exigió a la Casa Real no trabajar los fines de semana y también pidió interrumpir su papel oficial durante los días de fiesta. La prensa vio en ella a la hija de una sindicalista que reclamaba derechos laborales y la llamó «princesa de nueve a cinco», como quien recrimina a un funcionario que trabaje a reglamento.

En una familia en la que los momentos de ocio también son un acto publicitario, la reina Letizia no está dispuesta a sobreactuar la corrección.

Una noche de 2016 en un restaurante de Madrid un hombre apuntó con su teléfono hacia donde cenaban los reyes y Letizia alzó la voz.

—Usted no me fotografía.

El hombre respondió que solo iba a mirar sus mensajes de WhatsApp.

A menudo la gente idealiza la figura y el temperamento de las reinas, como un ser más propio del reino vegetal que del animal: seres frágiles, elegantes, delicados, luminosos, imperturbables, flores majestuosas. No mujeres que tienen hambre, están alertas al ataque y a la amenaza o que se enfadan. La reina Letizia sigue una dieta macrobiótica basada en el principio de equilibrio del yin y el yang, pero prefiere leer ensayos sobre ocultismo de Alan Moore que manuales de botánica. Es una reina que cree que las reinas no siempre deben sonreír.

En la literatura las mujeres de la monarquía suelen tener licencia para ser impredecibles. «¡A ese que le corten la cabeza!» y «¡A esa también!», decía la reina en *Alicia en el país de las maravillas*. En la vida real las mujeres de la realeza se han comportado a veces como los personajes de ficción. Marcel Proust ha elogiado el «tono agresivo» y «la aspereza varonil» de las princesas de Francia en sus *Crónicas de salón*, publicadas a inicios del siglo XX en *Le Figaro*. Álvaro Mutis frecuentaba el retrato de la infanta Catalina de Austria en el Museo del Prado, y en un poema dedicado a ella se refirió a una seducción que le inspiraba autoridad. «Algo hay en los labios de esta señora —escribió—, algo en el malicioso asombro de sus ojos.» El García Márquez periodista también escribió sobre la monarquía. En una crónica titulada «Inglaterra y la reina tienen un problema doméstico», indagaba en la intimidad de la severa Isabel II y en el aburrimiento de su marido.

El interés hacia una reina excede el respeto que despiertan otras autoridades. Es la fascinación por el símbolo que ha contribuido a crear una literatura hecha más que nada por hombres y la cultura popular. En el siglo XIV, María la Católica de Inglaterra enviaba a quemar vivos a los protestantes y hoy existe un cóctel inspirado en el terror que suscitaba su nombre, *Bloody Mary* (María la Sanguinaria). Una reina es a la vez todas las reinas y sigue siendo la metáfora perfecta para venerar a cualquier mujer. «Para herir a la realeza, la revolución tenía que atacar a la reina y, en la reina, a la mujer», dice Stefan Zweig en su biografía de María Antonieta, la impertinente reina de Francia destronada y decapitada por la revolución.

En el cuento para adultos de la monarquía de España, las reinas impertinentes y temperamentales como la reina Letizia no han sido frecuentes como sí lo fueron en otras casas reales de Europa, y a ella la siguen comparando con su suegra, la silenciosa y discreta reina Sofía. «La primera [Letizia] trabaja de reina y la segunda es reina a todas horas», publicó en 2018 *La Vanguardia*.

Antes de su compromiso con el príncipe Felipe, en el Archivo Histórico Nacional figuraban apenas cuatro reinas que impusieron su derecho a no aburrirse. A María Luisa de Parma le prohibieron en el siglo XVIII organizar tertulias y ella se quejó por escrito de su hastío: «Es natural que en horas desocupadas gustemos de alguna diversión». Décadas antes, Luisa Isabel de Orleans se había lamentado en una carta a su hermana del «aburrimiento de tener que vivir en una corte tan austera», y en el siglo XX la reina Victoria Eugenia de Battenberg se quejó de que su pasatiempo obligado tuviesen que ser las corridas de toros. También detestaba que le prohibieran fumar.

El aburrimiento de las reinas no era una excentricidad. Era el hastío de mujeres casadas por conveniencia y cansadas de obedecer a esposos que ellas no habían elegido. María Luisa de Parma, la reina cuyas tertulias fueron prohibidas, padeció la melancolía crónica de su marido, el rey Carlos IV, a quien llamaban «el Consentidor», mientras que a ella la acusaron de haber tenido al menos dos hijos ilegítimos y la apodaron «la Impura Prostituta». En un mundo dominado por hombres, una reina que se aburre es un desafío a la autoridad patriarcal. Luisa Isabel de Orleans, quien rechazaba la austeridad de la Corona, se casó a los trece años con el rey Luis I y se sentía presa en un palacio donde le prohibían pasearse con poca ropa. «¡Cómo me hubiera agradado ser Eva en el Paraíso!», decía.

Ser reina es un sacrificado privilegio y las reinas debían acatarlo como una forma elegante de perder libertad. Victoria Eugenia de Battenberg, nacida en Inglaterra y esposa del rey Alfonso XIII, detestaba las corridas de toros y también abominaba de la España rural. «Este es un pueblo provinciano y un país que no entiendo —le escribió a su madre—, muy poco parecido a lo que imaginé.» A ella la acusaron de ser una mala influencia para otras mujeres no solo por fumar, sino también por lucir trajes de baño. La reina Isabel II, una de sus antecesoras, fue acusada de juerguista y calificada de «libertina» cuando la habían obligado antes a casarse con su primo, Francisco de Asís de Borbón, de quien la gente se burlaba por su amaneramiento y a quien ella llamaba «Paquita». «¿Qué podía esperar de un hombre que en la noche de bodas llevaba más encajes que yo?», dijo Isabel II, a quien se le adjudican doce hijos bastardos y cinco amantes.

Hoy la reina Letizia tiene la reputación de una celebridad que se enfrenta a sus fans. Aunque, a diferencia de otras reinas, ella eligió al hombre con el que quería casarse y reclama su tiempo libre como un derecho laboral, pero también para ser alguien más que la consorte del rey: una mujer que sale a divertirse con su familia o con amigos. Parece un cuento infantil comparado con la historia de sus antecesoras más combativas. Pero hay otra forma de verlo.

Antes los reyes alimentaban con rumores la imaginación del *voyeur* cuando se exponían en actos breves, suntuosos y de trascendencia. Era como una película muda con subtítulos en revistas de peluquería, no una actuación callejera frente a un cine o un restaurante. Hay episodios famosos debido a ese morbo que solo despiertan las estrellas de cine y el hermetismo de la realeza. A mediados del siglo XX, los reyes de Grecia y padres de la reina Sofía organizaron un crucero para familias reales, y los cronistas de la época se sorprendieron ante un dato que les pareció inédito: «¡Los reyes se afeitan solos!», reportaron. «Ese rasgo fue comentado por nuestra gran prensa como un acto de singularidad», escribió entonces Roland Barthes en su libro *Mitologías*. En una época en que se experimentaba con los primeros vuelos tripulados al espacio, a los reyes aún se les atribuía una supuesta naturaleza excepcional que debía establecer una distancia irreductible entre ellos y los ciudadanos.

El mito del monarca como divinidad solo se puede sostener gracias al enigma que rodea su vida. Un crucero en que «los reyes se afeitan solos» podía ser así una sutil indiscreción, pero también un acto de publicidad. En una Europa con monarquías en decadencia y fragmentadas por la Segunda Guerra Mundial, los padres de la reina Sofía pretendían que los jóvenes príncipes y princesas se conocieran, y fue en ese crucero donde se vieron por primera vez los suegros de la reina Letizia. Lo que parecía un viaje de placer tenía un sentido utilitario y de supervivencia. La fiesta entre familias reales en un yate de lujo era una forma rimbombante de hacer política y autopromoción.

Treinta años después de ese crucero real donde la noticia fue que los reyes se afeitaban solos, los rumores decían que el rey Juan Carlos I circulaba en moto por las noches de Madrid, y que pasaba inadvertido gracias al casco que tapaba su cara. A diferencia de un político que habla con los ciudadanos para hacer proselitismo y se permite ser vulgar, el poder de la monarquía siempre ha radicado en exhibir entre rendijas su excentricidad distante.

A las mujeres plebeyas que llegaron a las monarquías en

el siglo XXI se les exigió abandonar sus hábitos del pasado y viven bajo la eterna sospecha de esconder en su conducta un desenfado residual. En Reino Unido se supo que en los años sesenta habían despedido de su trabajo a Camilla Parker por trasnochar y llegar tarde, y once años después de haberse casado con el príncipe Carlos de Inglaterra el diario *El País* la señaló con el titular «Camilla Parker fue una joven juerguista». Entre las mujeres de la realeza cuyos hábitos son cuestionados por sus suegros, la reina Letizia no es una excepción. De Mette Marit de Noruega recuerdan con frecuencia sus años de camarera, su búsqueda de novio en un *reality show* y su relación con el padre de su primer hijo, condenado por tráfico de cocaína. Ella debió disculparse en un acto público. «Para que no haya dudas sobre mi posición hoy —dijo Mette Marit—, me gustaría aprovechar esta oportunidad para condenar las drogas.» A la duquesa Kate Middleton, la esposa del príncipe Guillermo, unos *paparazzi* la fotografiaron en 2012 tomando el sol en *topless* y nadie vio en ella a una joven libre, guapa y desinhibida, sino el retrato impudoroso de una posible primera dama.

Renunciar a ser quien uno siempre fue no es una metamorfosis que pueda producirse con un mandato real. La ficción del monarca con origen divino provoca devoción pero también rebeldía. Antes la vida en un palacio fascinaba a quienes no podían entrar en él por ser enigmática. Negarle una foto a un niño o alzar la voz en un restaurante rebaja ese mito.

—Ella pretende igualar la monarquía por abajo, arrastrando a Felipe a barrios populares a tomar cervezas —dijo Jaime Peñafiel, uno de los críticos de la reina con más lectores—. No hace falta —insistió—, por eso nadie les va a querer más ni menos.

Pero la reina Letizia no parece exhibirse con el rey para que la quieran.

La reina solo quiere hacer lo que quiere.

Hoy en algunos bares de la capital recuerdan a la reina y a Felipe VI como una visita frecuente. El encargado del Ebla Bar, un lugar de cañas de Madrid donde ofrecen menús de *shawarma* y *falafel*, me dijo una noche:

—Letizia arrastró a Felipe hasta aquí.

El Ebla Bar, donde van los reyes, funciona en un sótano a pocos metros de los cines Princesa, y es recordado como punto de encuentro de músicos, actores y directores de cine como Pedro Almodóvar. También fue un punto de encuentro para Letizia y sus colegas cuando ella era presentadora de televisión.

—Letizia siempre pide lo mismo —me dijo el encargado del bar que tutea a la reina—: una clara y *falafel*.

La reina no utiliza la sala de proyecciones del Palacio de la Zarzuela y los viernes, cada tanto, prefiere ir a ver películas en versión original y, después de la función, las comenta con el rey ante un menú de diez euros.

Una noche de fútbol en que triunfó el Atlético de Madrid, la pareja real apareció en ese bar y Felipe impostó un tono cómplice.

—Hoy, hemos ganado —le dijo al camarero.

El rey que de adolescente quiso ir a ver a los Rolling Stones quería sociabilizar.

El vendedor de *shawarmas* pone cara de incredulidad.

Nadie espera ver de un rey su costado más mundano.

El Ebla Bar es un sitio de paso donde se entra después de ver una película, y cuando los vecinos de Madrid supieron que Letizia cenaba en ese lugar «de comida árabe», no tardaron en llamar para reservar una mesa. El encargado tuvo que decir que en su bar solo hay una barra, cerveza de barril y taburetes.

Es paradójico.

—Doña Letizia es una joven moderna —me había dicho el director de prensa de la Casa Real—. Ella solo recibe críticas de la prensa retrógrada.

En la Casa Real había interés en que Letizia renovase la imagen de la monarquía. Pero la imagen de los reyes sigue ligada a una idea remota de pompa, solemnidad y sofisticación.

Mientras la Corona le pedía simpatía, cada tanto la espontaneidad de la reina renueva la industria del *voyeurismo* con escenas que la gente no acaba de entender.

En 2017, durante la Fiesta Nacional de España, una cámara la grabó dentro de su coche saludando a los ciudadanos con su mano izquierda, mientras que, con la mano derecha, hacía un *scroll* en su teléfono móvil. Cumplir con la obligación de saludar al público no impedía a la reina saludar también a sus amigos de las redes sociales.

Letizia Ortiz se resiste a perder su derecho a la invisibilidad.

El mensaje de la reina parece decir que ella solo quiere ser normal.

En el Ebla Bar, donde los reyes suelen cenar cerveza y *falafel*, recuerdan una noche de 2013 en la que ella llegó con unos colegas mientras Felipe de Borbón asistía en Venezuela al sepelio del presidente Hugo Chávez.

—Me pidió que subiera la música y bajara las luces, porque querían bailar —me dice un camarero—. Eso no me pareció bien en una princesa.

Letizia había ido al cine y quería divertirse con amigos. Pero el camarero tampoco podía verla como a cualquier mujer.

La reina que debe cumplir con los protocolos de la Casa Real, después de una década y media de haber conocido a Felipe de Borbón no renuncia a los días en que era una presentadora de televisión que luego de dar las noticias ante las cámaras podía llamar a sus amigos para salir a cenar y a bailar.

Hoy en el popular restaurante El rey de tallarines, en Madrid, hay una silla con la inscripción «aquí se sentaron el príncipe Felipe y la princesa Letizia». También recuerdan a la pareja real en el restaurante japonés Musashi, al que llamaban «El Japotalego», porque allí se podía comer por mil pesetas: un talego. O sea, unos seis euros.

En un mundo donde se exige aparentar sofisticación, la reina Letizia nos recuerda cada tanto sus antiguos circuitos *low cost*. No por nostalgia, sino por celebrar espontáneamente los días en que podía ser irresponsable.

Hay un vídeo donde se ve a Letizia Ortiz montando un toro mecánico en un parque de atracciones de Madrid. Era un viernes de agosto de 1995 y había salido de bares con amigos y compañeros de la agencia de noticias EFE. Letizia aparece sonriente con vaqueros, una camiseta naranja y el flequillo prolijamente despeinado. A su lado hay un hombre alto y rubio con camiseta celeste y acento de Texas que era su amante secreto, el periodista del servicio internacional de la agencia de noticias donde ambos trabajaban. Era la época en que Letizia Ortiz se preparaba para ir a estudiar a México. Se había distanciado del profesor de literatura que sería su primer marido y compartía con colegas su etapa de mayor libertad.

—Salíamos hasta las tantas —recuerda su amiga con la que viajó a Pamplona y que también era parte de ese grupo—. Comíamos perritos calientes y volvíamos a casa desayunados.

Montar toros mecánicos era parte de un ritual que incluía un circuito de bares con nombres pretenciosos, como Vía Láctea; de cultura pop, como Tupperware, o exóticos, como Berlín Cabaret o Mescalito. Madrid aún vivía la efervescencia nocturna iniciada con la democracia. Era un mundo sin Internet en el que se pagaba con pesetas, pero con jóvenes que se habían criado en libertad y comenzaban a viajar fuera de su país, a estudiar posgrados y a creer en la excitación rebelde del cine extranjero. En el vídeo VHS de 1995, Letizia aparece bailando sobre el final de la noche en un bar llamado Easy Rider, como la película traducida en España *En busca de mi destino*, en la que unos rebeldísimos Peter Fonda, Denis Hopper y Jack Nicholson atraviesan Estados Unidos con sus pelos largos al viento y montados en sus motos Harley-Davidson.

En el bar hay llantas de motocicleta colgadas de las paredes y se escucha música ska, acordes de The Cure y Letizia se abandona y sacude la melena al ritmo de la banda española de rock Seguridad Social, cuya canción «Chiquilla» dice: «Tengo una cosa que me arde dentro, que no me deja pensar en nada». La reina que hoy es vista como una mujer impulsiva, pero también cerebral, adoraba esas noches de evasión que consistían en no pensar.

Cuando conoció a Felipe de Borbón, Letizia pensó en compartir con él sus rituales nocturnos del pasado, esos que consistían en dejarse llevar, y también pensó en compartir con el príncipe la amistad de sus colegas.

—Era una forma de mostrarse, de exhibirse a su manera —me dice uno de los amigos de la reina—. Estaba encantada de presentarnos al príncipe. A ella siempre le gustó ser protagonista.

Diez años después de sus salidas en manada por los bares de Madrid, cuando todavía era princesa, Letizia llevó a Felipe de Borbón a la fiesta de cumpleaños de una excompañera de la universidad.

—Todo parecía muy natural —me dice otro de los invitados a esa fiesta—, pero el piso era pequeño y no respiramos tranquilos hasta que ellos se fueron.

Letizia Ortiz compartía su nueva vida con antiguos amigos en una vana pretensión de que nada importante había pasado. Pero también presumía ante ellos de su nuevo estatus social.

Letizia presentó al príncipe Felipe ante sus colegas como «mi chico», mientras sus escoltas la esperaban en la escalera del edificio. Una princesa despojada del protocolo, aunque esté entre amigos, siempre luce fuera de lugar.

—Es desconcertante —me dice Iago Fernández, un exreportero de la revista *Vice*—. Ella se da cuenta de que al verla uno se sorprende.

Hoy, la reina busca revivir sus rituales de juventud.

Iago Fernández, el exreportero de *Vice*, escribía sobre

teatro *underground,* cine alternativo y festivales de música cuando, una noche de 2013, le pareció verla en un concierto de Eels. Ella había ido a escuchar a esa banda de rock indie de California, muy popular por su sonido deliberadamente sucio, como de chatarra virtuosa, y por sus baladas tristes sobre el insomnio, el suicidio, la nostalgia y la depresión. La reina iba con chaqueta de cuero y el reportero dudó si la mujer que veía era realmente ella, como quien pestañea ante una aparición.

—Podría haber ido a cualquier otro sitio —dice Iago Fernández—, pero eligió ir a lo más *under* y estaba muy contenta.

Letizia no solo había ido a ver a una banda de rock, sino que después del concierto pidió conocer al cantante y se fotografió con él.

—Era una fan —insiste Iago Fernández—. Aunque me dijo que a Felipe esa música no le gustaba tanto.

Hoy la reina guarda en su teléfono una foto de ella junto a un hombre con barba y gafas de montura gruesa. Dijo que Mark Everett, el líder de la banda Eels, era su ídolo.

Las bandas sonoras de los reyes de España nunca han sido un gran secreto, aunque los reyes se abstienen de demostrar devoción. Una de las canciones favoritas del rey Juan Carlos I es una ranchera: «El crucifijo de piedra», cuya letra dice que todo era mentira, que «su alma no era de mí». La reina Sofía conversaba a menudo con Mstislav Rostropóvich, el violonchelista ruso que militó en contra del comunismo y, siendo el máximo chelista de su tiempo, dirigió la Orquesta Sinfónica Nacional de Washington DC y tocó Bach entre los escombros del muro de Berlín. Las preferencias musicales son un tópico para definir a las personas y los reyes revelan sus gustos como quien hace marketing personal. De Felipe VI se ha dicho que es aficionado al rock de los años ochenta. En la monarquía, lo previsible es visto como una virtud.

La reina Letizia se fotografió con su ídolo indie Mark Everett cuando él se presentó en Madrid y el diario *El País* tituló: «El rock de la princesa Letizia», pero tres años después asistió a un concierto de Rod Stewart y se fotografió con el teléfono de Felipe VI junto a la estrella despeinada del rock, que es tanto un dandi como un viejo galán. En esa oportunidad, el diario *El Mundo* tituló: «La reina no es tan indie como la pintan». La singularidad de la reina no es su predilección por un peinado, un estilo de ropa, una melodía. La han visto también en conciertos de Bon Jovi y Alejandro Sanz y la han visto bailar en un *show* de Shakira. La prensa quiere definirla y ella cambia de ritmo según su estado de ánimo. Una noche en Barcelona los reporteros la buscaban en una fiesta tras un concierto de U2.

Iago Fernández, el exreportero de la revista *Vice*, volvería a verla en la cola de un cine donde proyectaban la película de Scorsese *El lobo de Wall Street*. Y volvió a verla en la entrada de un *show* de humor absurdo en el teatro Alfil, en Madrid, donde ella lo presentó ante Felipe de Borbón.

—Tenemos los mismos gustos —le dijo Letizia.

El cronista dice que él no es «monárquico», pero la reina le hizo pensar en un prejuicio. Ese que relaciona ciertas ideologías con determinados gustos artísticos.

La noche que apareció con el príncipe en el show de humor absurdo en el teatro Alfil, al acabar la función ella se presentó en el camerino del humorista.

Letizia quería saludarlo.

—No paro de darle vueltas —dijo el *performer* Miguel Noguera—: *blackout*. Pantalla fundida. Cuando me dijeron que venían los príncipes pensé que era una broma.

Noguera había bromeado en su *show* sobre penes que eran más grandes en reposo que erectos, llamó «hijo de puta» al niño Jesús y contó la historia de un Papá Noel negro que fue quemado vivo. Quienes estaban en el camerino después del *show* humorístico recuerdan que Letizia invitó al cómico a tomar cerveza, pero recibió una cortés e inesperada evasiva. A Noguera, el cómico del absurdo, le gusta guardar silencio después de actuar.

—Ella lo que quiere es tener lo mejor de los dos mundos —me dice su examiga de la agencia EFE—. Y eso no puede ser.

Cuando se prometió con el príncipe Felipe, se unió a esa tradición que exige a la realeza ser distante. Pero al cruzar las fronteras del mundo monárquico para visitar territorios de su juventud, perdió el respeto que solo imponen la distancia y el efecto de la ubicuidad.

—Letizia Ortiz venía de un mundo más o menos progresista —dijo en una ocasión con tono comprensivo el cantante Joaquín Sabina—. Ella oía mis discos y solo quería que el príncipe conociera otro tipo de mundos.

Entre los artistas populares que la reina admiraba, Sabina fue el primero al que quiso conocer. El cantante le preguntó qué otros artistas eran sus predilectos y se ofreció a presentárselos. Letizia Ortiz mencionó a sus ídolos: Joan Manuel Serrat, Ana Belén, Víctor Manuel y Penélope Cruz. Tres cantantes que ella había escuchado desde niña en los primeros años de la democracia, y una actriz de su misma generación que aparecía en las portadas de las revistas cuando ella quería ser una periodista famosa. Una noche de 2005 Sabina los reunió a todos en su casa de Madrid.

Letizia llegó con el príncipe Felipe y, ante la amabilidad de su ídolo, se relajó.

Le dijo al cantante que debía responder una adivinanza.

—¿En qué se parece Estefanía de Mónaco a Letizia? —le preguntó.

Sabina no supo qué responder.

—En que Estefanía folla con un funambulista —dijo Letizia— y Letizia es una fulana muy lista.

Quien se lanza a contar un chiste se expone a hacer el tonto. Letizia se refería a Adans López Peres, el acróbata que fuera pareja de la princesa de Mónaco. Era un juego de palabras en una noche de fiesta y ella produjo sonrisas de cortesía. Letizia esperaba que en sus días de descanso nadie la tratase de «alteza». No quería ser una institución las veinticuatro horas. No quería ajustarse al protocolo de la Casa Real. Pero ser princesa te hace perder la cortesía de la confidencialidad.

Tiempo después Sabina contó la anécdota a un periodista.

«Quedé mal con Palacio —se disculpó Sabina en una de sus columnas—. Me pareció descortés por mi parte que a unos chicos [los príncipes] que habían venido a cenar a casa yo les creara un problema contando ese chiste.»

El artista socarrón que ella admiraba fue socarrón con ella.

En otra entrevista, bromeó:

—Yo la apoyo, porque creo que, con un poquito de suerte, puede traernos la Tercera República.

Hubo quienes, recordando que fue republicana y agnóstica, le preguntaron a Letizia Ortiz por qué abandonó sus creencias para casarse en una iglesia con el príncipe Felipe y dejó su profesión para ser princesa.

Una noche en Madrid, Letizia se lo explicó a una excompañera de la agencia EFE. Se habían encontrado en el baño de los cines Princesa. Hacía años que no se veían. Ante su amiga, la expresentadora de noticias se lamentó de haber abandonado la profesión y su amiga le preguntó por qué lo había dejado.

En el baño del cine, Letizia dio una respuesta de película.

—Lo dejé por amor.

Su amiga no le creyó.

Antes las reinas se casaban por obligación.

Letizia le dio una razón romántica.

Antes de su boda con el príncipe Felipe, en el Archivo Histórico Nacional solo figuraba una pareja de la dinastía Borbón que se casó enamorada para reinar.

La boda de Alfonso XII, el tatarabuelo del Felipe VI, con María de las Mercedes de Orleans fue una excepción a fines del siglo XIX. Más de un siglo después, Letizia Ortiz y Felipe de Borbón aparecían en la prensa tomados de la mano y mirándose de reojo. Parecía la escena de una telenovela. La revista *¡Hola!* tituló: «Las miradas que ilustran una historia de amor». El diario *El Mundo* citó al príncipe en el titular «Estamos muy enamorados». La noticia no solo era que una plebeya y un Borbón iban a casarse: era que los novios, además, se querían.

En la historia universal del matrimonio, el amor tiene solo unos ciento cincuenta años. En la historia de las familias reales, menos. Las parejas se casaban por conveniencia y por mandato social. El sentimentalismo era una excentricidad que estropeaba los negocios.

Hay casos célebres: en 1917 el rey Jorge V de Inglaterra aceptó que sus hijos se casasen con ingleses e inglesas de a pie. Pero después la corte no aceptó que su hijo, el rey Eduardo VIII, se casase con Wallis Simpson, una mujer dos veces divorciada y nazi que venía de la alta sociedad estadounidense. Eduardo VIII tuvo que abdicar. Un pasado turbulento es inadmisible en una monarquía que debe ofrecer una imagen de estabilidad. En Holanda hubo revueltas callejeras y bombas molotov a mediados del siglo XX cuando la princesa Beatriz se comprometió con Klaus-George von Ambserg, un exmilitante de las Juventudes Hitlerianas. Unos años antes, en Noruega, el futuro rey Harald V había amenazado con renunciar a la línea de sucesión cuando su familia se opuso a que se casara con la plebeya, y actual reina consorte de Noruega, Sonia Haraldsen.

Las bodas reales, cuya misión era casar estados, a veces los divorciaban cuando las princesas y los príncipes hablaban de amor. Carolina de Mónaco, hija del príncipe Rainiero y Grace Kelly, se casó tres veces, y, por ser divorciada, el Vaticano se negó a reconocer a sus hijos y entró en conflicto diplomático con Mónaco por no conceder la anulación de su primer matrimonio.

Tener sangre azul fomentaba la uniformidad del aburrimiento, pero también cultivaba en su sombra la rebeldía hacia los matrimonios impuestos. Aunque hay un caso paradigmático: en Reino Unido, la reina Victoria fue una excepción en 1840. Se casó enamorada con el príncipe Alberto de Sajonia, pero en sus más de sesenta años de reinado fue una estratega que casó a sus nueve hijos con descendientes de las más poderosas casas reales de Europa, cuya descendencia, a su vez, casó a sus hijos con príncipes y princesas para mantener las alianzas políticas. Los matrimonios concertados eran como un reaseguro de planes de negocios y una forma de mantener la paz entre naciones. Sin embargo, la aburrida conveniencia no fue menos riesgosa que los casamientos entre enamorados, y nadie pudo evitar los desastres de la Primera y Segunda Guerra Mundial.

La boda entre Letizia Ortiz y Felipe de Borbón no unió a la Casa Real de España con otras monarquías de Europa. No reforzó las relaciones entre la Corona y la burguesía. No aseguró la estabilidad de la democracia, como sí lo hizo el reinado de Juan Carlos I. Pero hoy en España las miradas seductoras entre el rey y la reina son noticia: una pareja real enamorada aumenta la popularidad.

En el siglo XXI el capital de la nueva pareja real no era político. Era sentimental.

El mayor acto de fe de Letizia Ortiz al casarse con el príncipe no fue someterse al interrogatorio de un arzobispo en Madrid. Fue renunciar a su trabajo y pensar que podría seguir siendo tan libre como antes de casarse con él. Una prensa retrógrada la sigue juzgando, pero la reina sigue yendo al cine con Felipe VI a ver películas tragicómicas como *Irrational Man*, de Woody Allen, o un musical como *La La Land*, o una de amor lésbico como *La Vie d'Adèle*, o una de pistoleros como *The Hateful Eight,* de Tarantino. O la última de *Star Wars*.

La anarquía de la reina

Hace siglos insultar a la reina era como insultar a Dios, eran tiempos en que a los reyes se les adjudicaba un origen divino. En el siglo pasado, insultar a la reina era como insultar a la madre, los reyes simbolizaban la gran familia nacional. En el siglo XXI, a veces, es como insultar a la vecina. Una mañana de 2018 en Madrid, una mujer gritó a la reina Letizia que era «floja» y «antipática». La reina salía de un simposio médico sobre cómo tratamos a los discapacitados en Internet. Hasta hoy nadie organiza un simposio sobre cómo tratar a los reyes de España después de que el rey Juan Carlos I apareciera posando junto a un elefante que había cazado en Botsuana. A la mujer que la agravió en Madrid, la reina la saludó con su mano en alto y sonrió. Pero otras mujeres que estaban ahí comenzaron a silbarle.

—Es por lo que le hizo a su suegra —dijo después la mujer que increpó a la reina.

Días antes en la catedral de Mallorca, después de la celebración de la misa de Pascua, la reina Sofía había querido fotografiarse con sus nietas. La reina Letizia se atravesó de espaldas ante la cámara y lo impidió. Fue entonces cuando la prensa habló de una reina impertinente, irrespetuosa y torpe.

Solo sus amigos saben que Letizia tiene un pacto con su suegra: no tomarse fotos con la princesa Leonor y la infanta Sofía en sitios religiosos. Quiere dar una imagen laica de su familia. Letizia tenía razones para enfadarse. Pero, al darle la espalda a una cámara, también daba la espalda a millones de españoles que no solo vieron en la reina Sofía a una abuela que quería fotografiarse con sus nietas. Veían también a una familia real en guerra, una familia que se daba la espalda a sí misma.

—Es una maleducada —insistió la mujer que increpó a Letizia.

Ser reina es vivir como una celebridad que siempre debe sonreír con la candidez distante de quien se encuentra con un pariente lejano al que no sabe qué más decirle. La reina Letizia ha tenido que saber qué decir en más de quinientos actos. En sus primeros cuatro años de reinado, estrechó la mano a miles de desconocidos en más de veinte países y en más de diez idiomas diferentes, y, como quien saluda a una gigantesca familia, saludó a vecinos de todas las comunidades autónomas de España. Los encuentros con su familia y la familia de su marido, en cambio, se han reducido en los últimos años a menos de la mitad.

En 2004, Letizia posó en la catedral de Mallorca con once miembros de la familia del rey tras asistir con ellos a la tradicional misa de Pascua. En 2018, en la misma catedral, solo estaban ella con Felipe VI, las hijas de ambos y la reina Sofía, quien posó con actitud distante junto a Juan Carlos I y acabó discutiendo con su nuera.

En la última década la familia real se redujo tanto que hoy tiene menos miembros que en toda su historia. La reina Letizia en el mismo tiempo también vio cómo se reducía la familia que la apoyaba y que la vio crecer.

Cuando se anunció su boda con el príncipe Felipe, al menos doce parientes de las familias Ortiz y Rocasolano asistieron por primera vez a una ceremonia de la Casa Real. Catorce años después, solo cinco de ellos siguen junto a la reina. Sus abuelos maternos y su abuelo paterno han fallecido y la menor de sus dos hermanas cayó en una depresión y se suicidó. David Rocasolano, su primo y confidente, dejó de verla cuando aún era princesa. El resto de los familiares de su madre también dejaron de frecuentarla.

Su tía paterna, Henar Ortiz, la cuestionó en televisión y la reina ya no le habla.

—Fue tajante —me dice la tía de la reina—. Nosotros la queremos. Pero desde el minuto cero fue así. O conmigo o contra mí.

A veces sus códigos de respeto familiar son autoritarios y la reina se expresa sin medir las consecuencias. Pero además de hacer méritos para que le silben, se suma también la incomodidad de que en estos tiempos aún haya una reina. Los reyes no son elegidos por el voto directo y popular y los españoles aprovechan cada acto público para opinar sobre ellos. A la reina Letizia le han silbado en el teatro Liceo de Barcelona cuando asistió en 2013 con Felipe de Borbón al estreno de la ópera *L'elisir d'amore*. Tres años después volvieron a silbarles en la final del campeonato de fútbol Copa del Rey que se disputó en Barcelona, y, ese mismo año, en la ciudad de Oviedo, donde la reina nació, abuchearon a los reyes cuando fueron a entregar el premio Princesa de Asturias.

La mañana en que le gritaron «floja» y «antipática» y le silbaron en Madrid, a la reina no la increpaban por lo que ella representa. Tampoco era una opinión contra la monarquía. Era el precio alto que debía pagar por ser una persona pública que a veces olvida que la están observando. Si las relaciones entre suegras y nueras son siempre políticas, las relaciones de una reina deberían ser todas políticas por obligación, y la política es un acto teatral. La reina Letizia, a veces, no se molesta en actuar.

En el melodrama de la monarquía, los reyes representan la metáfora de la gran familia española y viven la paradoja de tener sus propias familias fragmentadas. La hermana de Felipe VI, la infanta Cristina, fue procesada por la justicia junto a su marido, Iñaki Urdangarin, por fraude y delito fiscal, y Felipe VI le retiró el título de duquesa de Palma de Mallorca. Ella no pertenece a la familia real desde que el rey Juan Carlos I abdicó. Tampoco su otra hermana, la infanta Elena, quien protagonizó el primer divorcio de la monarquía española al separarse de su esposo Jaime de Marichalar. Letizia Ortiz y Felipe de Borbón no se casaron por conveniencia dinástica como lo hicieron sus antecesores, pero sus familias se dividieron por intereses políticos, económicos y ambiciones de poder. Aunque la crisis familiar también provocó un acto de sinceridad. Juan Carlos I, desde que abdicó, rara vez aparece junto a la reina Sofía, y en 2017 compartió sus vacaciones con una mujer mallorquina llamada Marta Gayá, quien fue su amante durante años.

La familia política de Letizia Ortiz se había mantenido unida por obligaciones de Estado o por el beneficio que representa pertenecer a ella. Algunos parientes de la reina también creyeron que la cercanía con la Casa Real les permitiría enriquecerse.

—Uno llega a pensar que su situación económica puede variar siempre a mejor —me dice el primo de la reina.

David Rocasolano fue confidente de su prima durante los primeros seis años en que Letizia fue princesa, y veía su parentesco como el indicio de un futuro próspero.

—Pero es más imaginación que realidad —dice el primo—. Mi facturación en vez de aumentar ha disminuido.

La boda de Letizia Ortiz y el príncipe Felipe fue un *reality show* de ascenso social en el que los parientes también eran protagonistas. Habían pasado de ser espectadores de la realeza a compartir una cena con Carolina de Mónaco o el príncipe Carlos de Inglaterra.

—De repente crees que tu vida tiene un interés —me dice la tía de la reina, Henar Ortiz—, pero lo que tienes es un conflicto de identidad. Todo es ficticio. No eres importante por ser el pariente de alguien.

La tía de la reina ha sido el pariente más mediático de la familia. Ella se convirtió en parte de esa industria que consiste en emitir entrevistas indiscretas por televisión.

En una ocasión, cuando Letizia aún era princesa, su tía apareció en un programa de cotilleo y dijo que era «el momento de un recambio» en el Estado español. En esa época, la justicia investigaba a la hermana y al cuñado del príncipe Felipe por fraude y delito fiscal. La monarquía se desmoronaba y la tía opinó.

—Mi sobrina no llegará a reinar —declaró Henar Ortiz.

Hoy la tía de la reina se justifica. Ella concedió a la televisión dos entrevistas y las cobró. Dice que su intención no era perjudicar a su sobrina, sino atender una necesidad económica.

—Había sacado un crédito con mi hermano y la casa de mi madre estaba hipotecada —recuerda la tía—. Vivir de préstamo era nuestra cultura. Nunca fuimos gente de dinero.

Los Ortiz habían vivido siempre en pisos de alquiler.

—Ahora mi sobrina tiene sus intereses y tiene sus normas de imagen —se queja Henar Ortiz—. Pero yo digo: «Oye, no me metas en el ajo. O dame una nómina».

Cuando se casó con el príncipe Felipe, Letizia Ortiz prometió compartir su vida y sus bienes con él, sin pensar que parte de su familia también le exigiría reciprocidad.

El día de la boda real, su tía asistió como invitada con un vestido de dos mil quinientos euros que compró con un préstamo. Hoy se lamenta.

—Lo voy a vender en eBay —me dijo resignada.

Once años después de la boda real, Henar Ortiz vivía apartada de su fantasía de glamur y también de su familia. Cuando me recibió en Oviedo, recordó que hacía cuatro años que no hablaba con su sobrina. Tampoco con su hermano, que es el padre de Letizia; ni con su madre, que es la abuela de la reina.

Cada vez que alguno de sus familiares cobró protagonismo en los medios, la reina le dio la espalda y dejó de hablar con él.

El primo de la reina dejó de hablar con ella en 2010, cuando la justicia lo citó a declarar como testigo de un caso de fraude y corrupción.

Letizia, preocupada, le increpó.

—Su mayor preocupación no era mi estado de ánimo —se queja David Rocasolano—, sino de qué manera le afectaría a ella en cuanto a su imagen.

A una reina no solo se le exige ser ejemplar, sino que su familia también lo sea. Su primo debía declarar como abogado de un empresario investigado por la justicia. Él no fue juzgado por ese caso de fraude y corrupción, pero el contacto con su prima igualmente se cortó.

—Decidí cambiar mis números de teléfono y romper con todo —me dice Rocasolano.

Tres años después publicaría *Adiós, Princesa,* el libro en que cuenta con despecho intimidades sobre Letizia.

Hoy la familia de la reina está dividida entre quienes son discretos bajo sus normas y quienes las enfrentan.

Un día de 2013, Letizia se lo advirtió a su abuela paterna. María del Carmen Álvarez del Valle, la abuela locutora y actriz de la reina, iba a recibir un premio en la Academia de las Artes y las Ciencias Cinematográficas de España por su trayectoria en la radio y Letizia la llamó. «¿Vas a ir a recoger el premio?», le dijo. «Eso se traduce en un "supongo que no irás"», me dice la tía de la reina. Letizia prefería que su abuela no saliese de la comarca de Asturias donde vive. Ella pide confidencialidad a sus familiares y el parentesco con su abuela atraería las preguntas de la prensa. Su abuela le pidió confiar. Recibió su premio y después de agradecerlo se negó a conceder entrevistas para no enfadar a su nieta. Hoy la abuela de la reina que vivió durante décadas de sus programas de radio sale de su casa con la promesa de guardar silencio. Ya no es la dueña absoluta de sus recuerdos. Cualquier detalle de su vida en las revistas del corazón podría alterar la imagen que Letizia quiere dar de sí misma. El puzle de su pasado debe quedar en la intimidad.

En Oviedo, la ciudad donde la reina nació, quedan pocos rastros del paisaje de su infancia. Frente al edificio austero en el que vivió con sus padres y sus dos hermanas, donde había una fábrica de armas y un descampado, hay bloques de apartamentos y una universidad. Donde veía baches con barro y aceras sin baldosas, hay una pizzería que entrega a domicilio. En la escuela de ballet, donde tomó clases de danza, hay una enorme tienda H&M. Sobre las vías del tren que ella veía al salir de su casa, levantaron un edificio con fachada blanca y balcones acristalados. En una ciudad como Oviedo, donde hay una antigua afición por venerar con estatuas a figuras como Woody Allen o personajes ficticios como Mafalda, todo ha evolucionado y la reina sigue siendo una celebridad en construcción. Como veneración efímera hacia ella, una pastelería de Oviedo ofrece un dulce de almendra con crema y una corona de chocolate al que llaman «Letizia». Un piropo dulce hacia una reina a la que llaman «Jefa» por su severidad. Aunque también hubo un bus turístico con un afán más documental, cuyo recorrido consistía en visitar los sitios de la periferia donde Letizia vivió. Pero hoy, en la ciudad modernizada, ese bus que circulaba por el pasado de la reina ha dejado de funcionar.

El barrio donde la reina se crio ha cambiado tanto que pareciera que ella nunca vivió allí. Su paisaje familiar, en cambio, es una postal que parece congelada en el tiempo. Jesús Ortiz, el padre de la reina, trabaja en la misma agencia de asesores de comunicación en la que se empleó en los años noventa. Su madre fue enfermera y sindicalista hasta que se jubiló y hoy cuida a sus nietas, la infanta y la princesa, como lo haría cualquier abuela. Su hermana Telma sigue trabajando como directora de relaciones internacionales en una escuela de negocios de Barcelona, y su abuela locutora y actriz acabó de pagar la hipoteca de su primera vivienda años después de haberse jubilado, y vive recluida en ella en la aldea de Sardéu.

En los últimos años, Letizia Ortiz se casó con el príncipe Felipe, fue princesa, tuvo dos hijas, se convirtió en reina y gana más de diez mil euros mensuales, que es más del doble de su mejor sueldo como presentadora de telediarios. Antes de cumplir cuarenta años, la chica impaciente supo que ejercería un cargo vitalicio. Quienes tienen permiso para visitarla son parientes que aceptaron sus normas: ser austeros y no llamar la atención.

Vista de frente, de espaldas, de perfil, la figura flaca y nervuda de la reina es como una cuerda tensa que une a la desprestigiada familia de su marido con la herencia de la familia de clase media que la vio crecer. Hoy como reina de España, disimula su carácter imperativo para evitar críticas y se esfuerza por simular modales diplomáticos para que no la acusen de caminar delante del rey o elevar la voz para decir lo que piensa. La eficacia de la reina para disimular se mide sobre todo por los elogios o silbidos que recibe. Dejar de hablar con parientes conflictivos es solo una parte de un trabajo que le exige actuar. Las metamorfosis de Letizia, la circunspecta, la silenciosa, la sobreprotectora, la religiosa, la obediente, poses que adopta y que le son ajenas, hablan más de lo que la gente quiere ver en ella que de su propia habilidad para ser otra mujer.

La reina suele ser puntual incluso cuando asiste a actos en los que sabe que va a recibir críticas. Como esa mañana en Madrid cuando salió de presidir un simposio médico y una mujer le gritó «floja» y «antipática», y ella sonrió como una profesional que aprendió a no explotar ante una ofensa. Dos años antes en Cataluña, donde los reyes siempre son repudiados, la reina y Felipe VI también llegaron puntuales a presidir la séptima entrega de los Premios Princesa de Girona, y un centenar de manifestantes se habían agrupado en la calle para gritar contra ellos. Pedían la independencia de Cataluña y una de las consignas era «No tenemos rey». Sabiendo que iba a ser repudiada, la reina llegó a tiempo con su marido a ese acto de premiación. Pero al día siguiente debía estar a las nueve de la mañana en el Palacio de Congresos de Girona, donde iba a escuchar conferencias de expertos en marketing, y el rey llegó solo. Letizia demoraba en aparecer.

Todos se preguntaban por el paradero de la reina.

—Con la reina Sofía no pasaba esto —me dijo uno de sus escoltas, y se quejó—: Se debe de estar maquillando.

Más que una descortesía, en política llegar muy tarde delata indiferencia. Una forma de disentir. En la diplomacia de la monarquía, en cambio, el éxito consiste en ser sobre todo una repetición previsible de sí misma. El retraso de una reina rompe esa ilusión de orden y estabilidad. La reina Letizia suele demorarse más en las despedidas que en una presentación cuando sabe que la están esperando.

Un día, cuando era princesa, demoró veinte minutos una despedida en el Vaticano por conversar con un reportero de *El País*.

Su marido, entonces príncipe, tuvo que buscarla para irse.

—Letizia, por favor —le dijo Felipe—, debemos marcharnos.

En otra oportunidad, estaba en México con Felipe VI y una cámara la grabó cuando conversaba con la primera dama de ese país y el presidente mexicano le pidió callar. Era una visita a la biblioteca del Museo de Guadalupe, en el estado de Zacatecas, y la reina obedeció. No habló más. Pero continuó el recorrido por ese museo ralentizando sus pasos, como quien se ofende y amenaza con no seguir. En vez de respetar el ritmo de los jefes de Estado, Letizia se demoraba. Cuanto más lento caminaba Felipe VI para esperarla, más erráticos se volvían sus pasos.

La reina, cuando escapa del protocolo y no le permiten actuar a su antojo, a veces también se queja haciéndose esperar. Sabe que en presencia de Felipe VI debe mantenerse en segundo plano, pero también que desde esa retaguardia puede controlar el avance del monarca. El rey, por cortesía, no puede dejarla atrás.

Cuando demoraba en aparecer en el Palacio de Congresos de Girona, sus escoltas pensaron que era otro de sus actos de rebeldía. Pero los responsables de prensa de la Casa Real explicaron que la demora imprevista de la reina tenía un motivo. Letizia llegó cuarenta minutos tarde porque, a último momento, decidió no seguir la misma agenda de Felipe VI. Ella, como reina consorte, debe ser una sombra que camina dos pasos por detrás del monarca. Pero en los últimos tiempos la reina no solo arrastra los pies cuando está a disgusto en un acto. A veces demora cuando decide seguir una agenda diferente a la de su esposo.

Desde 2016, la reina dejó de aparecer con Felipe VI en

aburridas ceremonias políticas como la jura de cargos de un nuevo gobierno, conferencias de empresarios o viajes internacionales, como el que hizo el rey a Arabia Saudí, para acudir a otras a las que asiste sola. Voló a París para presidir el Congreso Mundial contra el Cáncer, visitó Senegal para apadrinar proyectos sobre cultivo ecológico y contra la mutilación genital femenina, y aterrizó en Haití y República Dominicana para visitar a cooperantes dedicados a la distribución de agua potable. Vestida sin tacones, con ropas holgadas y cabello suelto, la reina tenía el aspecto de una exploradora. O de la reportera de guerra que siempre quiso ser. Aún así, algunos pensaron que la reina trabajaba menos por el mismo sueldo. El diario *La Razón* tituló: «La reina ausente». La Casa Real justificó su ausencia junto a su marido diciendo que la reina no tiene responsabilidades de Estado y se limita a temas de cultura, educación y salud. Fue una forma legalista de realzar la figura de Felipe VI, pero también de decir que la reina Letizia tiene más independencia.

A veces, cuando la reina parece que se retrasa, lo que quiere demostrar es su cuota de libertad.

Esa mañana de 2016 en Girona, donde la gente gritaba a favor de la independencia de Cataluña, la reina al llegar después que el rey demostraba la suya. No era una sombra elegante que camina dos pasos por detrás del monarca. No era la acompañante de él. Ella quería dividirse el trabajo con su esposo.

Felipe VI llegó solo al Palacio de Congresos de Girona y entró a una conferencia de empresarios sobre «motivación y educación». La reina decidió ir a otra ponencia con expertos en marketing titulada «Apadrinando el talento», y apareció cuarenta minutos después.

Eran recomendaciones para empresarios del futuro.

«Queremos gente que prefiera pedir perdón y no permiso», dijo uno.

«La generosidad es la inversión más rentable», recomendó otro.

«Dime de lo que presumes y te diré de lo que careces», advirtió un tercero.

Letizia Ortiz no estudió marketing. Pero fue una joven osada que viajó sin dinero a Sudamérica y consiguió trabajo en México y Colombia. Invirtió su tiempo en formarse como periodista y ha presumido de ser independiente, agnóstica y feminista en un mundo laboral dominado por hombres. El talento de la reina no solo servía para anunciar noticias en televisión. Cuando se casó con el príncipe, se esperaba de ella que por un momento devolviera cierto encanto a una Corona que comenzaba su decadencia. Hoy, tras la imagen desprestigiada de la familia real, crece la reputación de una reina impaciente a la que llaman «Jefa». Pero sus gestos de aparente independencia y espontaneidad acaban nutriendo más su vanidad que la renovación de un carisma en la monarquía. Una reina que pelea en público con su suegra y a veces es irreverente con su marido no produce popularidad sino malentendidos.

La reina Letizia, con su actitud de nada-me-gusta-del-todo, y Felipe VI, con un rictus de quien le aburre su trabajo, a veces parecen olvidarlo: la gente espera algo de la pareja real, no solo pretende ver en ella una ilusión de elegancia y armonía. Esperan cierto sentido de utilidad social. Esperan que sean negociadores entre el Estado español y los empresarios del petróleo, entre constructores de trenes y jeques árabes, entre científicos y farmacéuticas, entre el presidente de España y catalanes rebeldes.

Un año después de que la reina y Felipe VI se reunieran en Girona con empresarios del futuro, la noticia fue que los catalanes que gritaban «No tenemos rey» no eran una minoría. A los reyes les habían silbado en un estadio de fútbol, en un teatro de ópera, en la calle, pero nunca habían sufrido una disidencia de millones. En menos de un año, el Gobierno de Cataluña proclamó su independencia, el Ayuntamiento de Barcelona exigió la abolición de la monarquía y al rey lo declararon en Girona *persona non grata*.

Cuando se comprometió con el príncipe, Letizia Ortiz sabía que el trabajo de su marido exigía resolver batallas políticas. A su suegro, Juan Carlos I, se lo recuerda por haber evitado en 1981 un golpe de Estado militar. A Felipe VI aún le reprochan no haber evitado con diplomacia un alzamiento civil en Cataluña. En 2018 los estudiantes universitarios organizaron un referéndum sobre la monarquía en treinta y tres universidades públicas, y el escrutinio fue ruidoso: nueve de cada diez condenaban a los reyes a desaparecer. Querían una república. Cataluña no es el único territorio que los reyes deben reconquistar.

La reina que ha sido presentadora de noticias podría narrar en primera persona la decadencia de la monarquía en su propio país, donde los reyes han tenido siempre un destino trágico.

En trescientos años de historia de la dinastía Borbón, solo un rey acabó su reinado sin que lo interrumpiera una revolución, una enfermedad, una muerte prematura. Solo uno. Fue en el siglo XVIII. Carlos III fue el único que murió anciano y sin haber perdido antes la Corona. Los reyes de España han vivido entre la abdicación y el derrocamiento, entre la huida y el exilio. Llegaban al trono sabiendo que lo iban a perder. Juan Carlos I abdicó como lo hicieron antes su padre y su abuelo; el anterior rey murió jovencísimo y la reina que lo había antecedido fue expulsada; el anterior también fue expulsado, igual que su antecesor. Felipe V, el primer Borbón que reinó en España, abdicó en su hijo, el rey Luis I, y volvió a reinar cuando su hijo murió a los diecisiete años.

Las reinas, por haber sido en su mayoría extranjeras, vivieron desde niñas una cadena perpetua de trashumancia y desarraigo. Hoy son una especie en vías de extinción. «Pronto solo quedarán cinco reinas en el mundo —predijo el rey Faruk de Egipto en 1948—: la de corazones, la de picas, la de diamantes, la de tréboles, y la de Inglaterra.» En Europa solo quedan diez reinas de las veintitrés que había a mediados del siglo XX.

En el juego de las monarquías parlamentarias, la única reina con poder es la temible reina del ajedrez. Un deporte intelectual de origen indio que no tuvo una pieza femenina hasta el siglo XV, cuando se incluyó por primera vez la figura de la reina en honor al poder de Isabel I, quien impuso el credo católico con la Inquisición, extendió las fronteras hacia América y combatió la ocupación musulmana. Cinco siglos después, se espera que las reinas sean una presencia ubicua pero discreta, entre sabia y distante, entre predecible y ejemplar.

Las reinas consortes, igual que las reinas del ajedrez, conservan la misión de acompañar el lento avance del monarca, pero su capacidad letal mutó en una facultad que consiste en distraer. La reina Letizia, con su elegancia irreverente, concentra más atención que cualquier otro miembro de la Casa Real. Tras el velo de noticias sobre sus vestidos y su actitud rebelde, camufla a su manera la serenidad y el perfil bajo de Felipe VI.

La última vez que hablé con la reina fue en la ciudad de Girona, donde ella había asistido a una conferencia sobre marketing y lucía apurada.

Antes de despedirse, le pregunté si no echaba de menos su época de mayor libertad, cuando sus compañeros en Televisión Española la llamaban «la Ficticia» o «la Ambición Rubia». O cuando ella se hacía llamar «Ada», su seudónimo en un periódico de México.

La reina no demoró en responderme.

—Yo estoy muy bien así como estoy.

Estaba rodeada de escoltas y fotógrafos.

Felipe VI la observaba unos metros más allá, desde la puerta de un coche oficial.

Al día siguiente las revistas hablarían de ella. De los pantalones blancos que llevaba puestos: un modelo acampanado con botones laterales a juego con una blusa color «marsala». Dirían que su estilo era un «homenaje a los años setenta», la década de su nacimiento. La misma época en que España recuperó la democracia y el dictador Franco nombró a Juan Carlos de Borbón su sucesor. Más de cuarenta años después, la reina impaciente iba a su ritmo. La tensión estaba puesta sobre su ropa, su peinado, su delgadez. No sobre un carisma. Como si ante la desesperación de la monarquía por renovar su antigua aura popular fuese ganando un frívolo culto a la personalidad. Los fotógrafos enfocaban a la reina que pudo haber sido y aún no es, una mujer solidaria desde su origen plebeyo o una carismática negociadora de causas populares. La reina que España nunca tuvo, la mujer que nadie eligió excepto el príncipe heredero y de la que ahora se espera que sea más que una *top model* que cita de memoria a Kierkegaard. Le pedían una foto más, por favor. Iban a publicarla en las revistas de peluquería. Le rogaban más sonrisas, antes de que ella les diera la espalda y entrara en un coche, donde el rey Felipe VI, como quien aguarda a la novia inconforme con un selfi, la esperaba para irse.

Bibliografía

BACQUÉ, Marie-Hélène, y Carole Biewener, *El empoderamiento. Una acción progresiva que ha revolucionado la política y la sociedad*, Gedisa, 2016.

BARD, Christine, *Historia política del pantalón*, Tusquets, 2012.

BARTHES, Roland, *Mitologías*, Biblioteca nueva, Siglo XXI, 2012.

BEAUVOIR, Simone de, *Le deuxième sexe*, Gallimard, 1976.

BAUDRILLARD, Jean, *Cultura y simulacro*, Kairós, 2014.

—*De la seducción*, Cátedra, 2011.

CABALLÉ, Anna, *El feminismo en España. La lenta conquista de un derecho*, Cátedra, 2016.

—*Una breve historia de la misoginia. Antología y crítica*, Lumen, 2006.

CACHO, Jesús, *El negocio de la libertad*, Foca, 2000.

CENTENO, Patricia, *Política y moda*, Península, 2012.

CIORAN, E. M., *Del inconveniente de haber nacido*, Taurus, 2014.

CONRADI, Peter, *The Great Survivors. How Monarchy Made It Into the Twenty-First Century*, Alma books, 2012.

CREVERI, Benedetta, *Amantes y reinas*, Círculo de Lectores, 2009.

CUNILL, Isidre, *Letizia Ortiz. Una republicana en la corte del rey Juan Carlos I*, Chronica, 2010.

ENRÍQUEZ, Carmen, *Felipe VI. La monarquía renovada*, Planeta, 2015.

ENRÍQUEZ, Carmen, y Emilio Oliva, *Felipe y Letizia. Reyes de España. Una monarquía para el siglo XXI*, Aguilar, 2014.

EYRE, Pilar, *La soledad de la reina. Sofía: una vida*, La Esfera de los Libros, 2013.

FORCADA, Daniel, y Alberto Lardiés, *La corte de Felipe VI. Amigos, enemigos y validos: las claves de la nueva monarquía*, La Esfera de los Libros, 2015.

FUNES, María Luisa, *Estilo Letizia. Los verdaderos secretos de la elegancia de la nueva reina*, Planeta, 2014.

GALLEGO, Juana, *Mujeres de papel. De ¡Hola! a Vogue: la prensa femenina en la actualidad*, Icaria, 1990.

—*De reinas a ciudadanas. Medios de comunicación, ¿motor o rémora para la igualdad?*, Aresta, 2013.

GARCÍA ABAD, José, *La soledad del rey. ¿Está la monarquía consolidada veinticinco años después de la Constitución?*, La Esfera de los Libros, 2004.

GARCÍA MÁRQUEZ, Gabriel, *Obra periodística, vol. VI. De Europa y América -2*, Oveja Negra, 1984.

GOFFMAN, Erving, *Relaciones en público. Microestudios del orden público*, Alianza, 1979.

GÓMEZ BLESA, Mercedes, *Modernas y vanguardistas. Mujer y democracia en la II República*, Laberinto, 2009.

GONZÁLEZ-DORIA, Fernando, *Las reinas de España*, Trigo, 2003.

GUERRERO, Alonso, *El amor de Penny Robinson. Querían saberlo todo de él porque querían saber todo de ella*, Berenice, 2018.

—*El hombre abreviado*, Editora Regional de Extremadura, 2003.

—*Un palco sobre la nada*, De la Luna Libros, 2012.

GOTTSCHALK, Maren, *Reinas*, Fondo de Cultura Económica, 2010.

HAMANN, Brigitte, *Sisi, emperatriz contra su voluntad*, Editorial Juventud, 1998.

INFANTE, José, *¿Reinará Felipe VI? La última oportunidad de los Borbones*, Martínez Roca, 2003.

JUARISTI, Jon, *A cuerpo de rey. Monarquía accidental y melancolía republicana*, Ariel, 2014.

LUKACS, John, *El futuro de la historia*, Turner, 2011.

LURIE, Alison, *El lenguaje de la moda. Una interpretación de las formas de vestir*, Paidós, 2016.

MacMillan, Margaret, *Las personas de la historia. Sobre la persuasión y el arte del liderazgo*, Turner, 2017.

Menezo, Juan José, *Reinos y jefes de Estado desde el 712*, Historia Hispana, 1998.

Michelet, Jules, *Mujeres de la Revolución*, Trifaldi, 2010.

Morton, Andrew, *Diana. En busca del amor*, Planeta, 2004.

—*Ladies of Spain. Sofía, Elena, Cristina y Letizia: entre el deber y el amor*, La Esfera de los Libros, 2013.

Murado, Miguel-Anxo, *La invención del pasado. Verdad y ficción en la historia de España*, Debate, 2014.

Museo Nacional del Prado, *Guía de la colección. El siglo xix en el Prado*, 2010.

Mutis, Álvaro, *Crónica regia y alabanza del reino*, Cátedra, 1985.

Nietzsche, Friedrich, *La genealogía de la moral*, Tecnos, 2017.

Ortiz Rocasolano, Letizia, «Guiños sobre guiños sobre guiños. La reconsideración de la entrevista en profundidad para el conocimiento de los procesos comunicativos», *Comunicación y Sociedad*, n.os 25 y 26, Antología de artículos y reseñas, Departamento de Estudios de la Comunicación Social, Universidad de Guadalajara, 1996.

Peñafiel, Jaime, *Los tacones de Letizia y otras curiosidades reales*, La Esfera de los Libros, 2004.

—*Reinas y princesas sufridoras*, Grijalbo, 2015.

Powell, Charles T., *El piloto del cambio. El rey, la monarquía y la transición a la democracia*, Planeta, 1991.

Proust, Marcel, *Crónicas*, Adiax, 1978.

Rocasolano, David, *Adiós, Princesa*, Foca, 2013.

Rodríguez, Jesús, *El club de las mujeres ambiciosas*, RBA, 2009.

Roig, Miguel, *Las dudas de Hamlet. Letizia Ortiz y la transformación de la monarquía española*, Península, 2011.

Romero, Ana, *El rey ante el espejo. Crónica de una batalla: legado, asedio y política en el trono de la reina Letizia y Felipe VI*, La Esfera de los Libros, 2017.

Rutherford, Adam, *A Brief History of Everyone Who Ever Lived*, The Experiment, 2017.

SARTORIUS, Isabel, *Por ti lo haría mil veces*, Martínez Roca, 2012.

STEIN, Gertrude, *Retratos. Cuadernos marginales*, Tusquets, 1974.

STEINEM, Gloria, *Mi vida en la carretera*, Alpha Decay, 2016.

SUÁREZ, Mariló, *Los Ortiz. La familia asturiana de la princesa Letizia*, La Esfera de los Libros, 2006.

TREMLETT, Giles, *Isabel la Católica. La primera gran reina de Europa*, Debate, 2017.

URBANO, Pilar, *La reina muy de cerca. Edición especial: material inédito. Claves de la polémica que sacudió a España*, Planeta, 2009.

URDACI, Alfredo, *Días de ruido y furia. La televisión que me tocó vivir*, Plaza y Janés, 2005.

VIDAL SALES, José Antonio, *Crónica íntima de las reinas de España*, Planeta, 1994.

WATZLAWICK, Paul, *¿Es real la realidad? Confusión, desinformación, comunicación*, Herder, 2003.

WILDE, Oscar, *El retrato de Dorian Gray*, Espasa Libros, 2018.

ZWEIG, Stefan, *María Antonieta*, Editorial Juventud, 1958.

Agradecimientos

A mi genial editor, Julio Villanueva Chang, y a mis cómplices de la revista *Etiqueta Negra*, donde publicamos las primeras páginas de este libro: Elda Cantú, Eliezer Budasoff, Joseph Zárate, Marcela Joya, Marco Avilés, Héctor Huamán, Gabriela Wiener, Jaime Rodríguez Zavaleta, Marela Carrasco, Óscar Alcarraz, Roberto Herrscher Rovira, Gerson Portillas, Juan Pablo Meneses, Diego Fonseca y Toño Angulo Daneri.

A Juan Pedro Chuet-Missé y Marta Parreño Gala, por su valiosísima asistencia en la reportería y años de amistad.

A Miguel Aguilar, director cómplice de la editorial Debate, por su confianza desde el inicio de esta aventura compartida. Y a María Lynch, quien supo aconsejarme en momentos clave desde la agencia literaria Casanovas & Lynch.

A Martín Caparrós, Rodrigo Fresán y Jon Lee Anderson, maestros amigos siempre disponibles para hablar de reinas, reyes y palacios. Y a Juan Villoro, por hacerme pensar en la importancia de la temible reina del ajedrez.

A Miguel Fernández Flores y Céline Gesret, por permitir que su casa en Madrid sea también mía. A todos los colegas, carnales, panas, compas que me orientaron en Oviedo, México, Colombia y Costa Rica: Edu Galán, Javier Cuervo, Diego

Osorno, Luis Guillermo Hernández, Alex Sánchez, Fran Ruiz, Diego Petersen, José Luis Valencia, Juan Carlos Magallanes, Alonso Torres, Marco Antonio Núñez, Heriberto Osorio, Ifigenia Quintanilla y Guido Correa.

A mis compañeros docentes del máster en Periodismo BCN_NY, de la Universidad de Columbia y Barcelona, y del posgrado en Fotoperiodismo de la Universidad Autónoma de Barcelona, por comprender mis ausencias y animarme a seguir.

A Cécile, mi compañera en la incertidumbre cotidiana. A mi padre, Italo Faccio, por su apoyo absoluto. A mis amigos y familiares en Buenos Aires y Patagonia, a quienes he visitado menos de lo que hubiese querido. A Véronique, Eric, Medhi, Hélène, Jean-Pierre, Brigitte y a toda mi familia en Francia, por su apoyo incondicional.

A cada uno de los colegas, amigos y amigas que compartieron sus agendas y su tiempo para ayudarme a producir, corregir y pensar este libro: Francesco Manetto, Javier Lafuente, Alfonso Armada, Eva Lamarca, Enric González, Isolda Morillo, Ignacio Escolar, Marc Caellas, Alfredo Garófano, Mònica Porta Domínguez, Héctor Nichea, Roberta Gerhard, Frederic Vincent, Anna Juan Cantavella, Oriol Roca, Malcolm Otero Barral, Pepe Ribas, Sandra Anitua Jorge, Elena Ledda y Martín Correa-Urquiza.

A todas las personas que confiaron y aceptaron ser parte de este proyecto, muchas veces desde el anonimato. A los familiares y amigos de la reina Letizia, por su generosidad.